Der CC des Corps Friso-Cheruskia

seinem lieben Vorstellungsverhältnis

Corps Bavaria zu Stuttgart

zum 128. Gründungsfest.

Vinck-J. Schmidt Fl! xxx

Damals & HEUTE

MENSCHEN & PERSÖNLICHKEITEN IHRER HEIMATSTADT

Impressum

D & H CHRONIK VERLAGS GmbH
Damals & Heute Menschen und Persönlichkeiten ihrer Heimatstadt

Chefredakteur: Reinhold Maaß

Konzeption und Gestaltung: DTP - Atelier D & H Chronik Verlags GmbH

Gesamtherstellung: Grafischer Betrieb D & H Chronik Verlags GmbH

Autoren- und Lektorenarbeit: Schriftsteller der D & H Chronik Verlags GmbH; Heike Röhrich, Uta Schnitzer, Hans Wittmann

Recherchen und Zusammenstellung: Redaktion des Verlagshauses

Reporter: Bernhard Suhl

Satz und Reproduktion: D & H Chronik Verlags GmbH; Gertraud Maaß, Reinhold Maaß

Druck: Systemedia Druck und Medien GmbH, Dachsteinstraße 3, 75449 Wurmberg
Gedruckt auf LuxoMagic holzfrei gestrichen Bilderdruck TCF 170 gr/qm von Schneidersöhne Papier, Ettlingen

ISBN 978-3-929462-86-9

Damals & HEUTE

MENSCHEN & PERSÖNLICHKEITEN IHRER HEIMATSTADT

Der Kaufmann - damals - ca. 1740

Der Kaufmann - heute - 2004

Vorwort

Eine Stadt lebt durch ihre Menschen. So hat es uns interessiert, was die Bürger bewegt - und was sie bewegen. Eine bunte Mischung von Persönlichkeiten ist entstanden: Menschen, die in ihrem Bereich in einer ganz besonderen Beziehung zu ihrer Stadt stehen - durch ihre Leistung, ihr Engagement oder ihren prägenden Einfluß auf die Region.

Es entstand eine bunte Palette von Bürgerinnen und Bürgern ihrer Heimatstadt. Sie alle haben eines gemeinsam - den Wunsch und den Willen, etwas zu bewegen.

Wir haben mit unseren Reportern viele angesprochen, diejenigen, die nachfolgend aufgeführt sind, haben sich für die Veröffentlichung entschlossen.

Die Verlagsleitung bedankt sich bei allen, die bereit waren mitzumachen, denn ohne ihre Mithilfe wäre ein solches Buch nicht zustandegekommen.

Ihre D & H Chronik-Verlags-GmbH

Inhaltsverzeichnis

Chronik

Reportagen

LANDKREIS
KARLSRUHE

Oberhausen-Rheinhausen
Philippsburg
Waghäusel
Kronau
Bad Schönborn
Hambrücken
Östringen
Dettenheim
Ubstadt-Weiher
Graben-Neudorf
Forst
Karlsdorf-Neuthard
Kraichtal
Linkenheim-Hochstetten
Bruchsal
Zaisenhausen
Sulzfeld
Eggenstein-Leopoldshafen
Stutensee
Kürnbach
Weingarten (Baden)
Gondelsheim
Oberderdingen
Bretten
Stadtkreis Karlsruhe
Walzbachtal
Pfinztal
Rheinstetten
Ettlingen
Waldbronn
Malsch
Karlsbad
Marxzell

Bad Schönborn

Bad Schönborn, das mit seinem Namen an den Fürstbischof Damian Hugo von Schönborn erinnert, ist 1971 im Zuge der Gemeindereform aus den beiden Gemeinden *Bad Mingolsheim* und *Bad Langenbrücken* entstanden. Beide Orte gehörten seit dem Mittelalter zum Hochstift Speyer, dem weltlichen Herrschaftsbereich des Bischofs. Dazu gehörte auch die Burg *Kislau*, deren romanischer Buckelquaderbau im Kern der heutigen Anlage auf das 10. Jh. zurückgeht. 1721 ließ Fürstbischof von Schönborn die Burg in ein barockes Jagdschloss umgestalten. Der alte Bergfried im Zentrum wurde mit neuen Räumen umgeben. So entstand das eigenwillige Bild des „monumentalen Haupthauses mit dem ungewöhnlichen Pyramidendach“. Heute wird Schloss Kislau als Gefängnis genutzt und ist leider un-

zugänglich. Von Schönborns Nachfolger von Hutten ließ 1766 in Langenbrücken ein Schwefelbad erbauen, dessen Wasser er selber nutzte. Das Bad bildete die Grundlage des späteren Kurbetriebs in beiden Orten. Nach der Erschließung einer Thermalsole anno 1970 erhielt das Kur- und Badewesen neuen Aufschwung. Mingolsheim wurde 1964, Langenbrücken ein Jahr später der Namenszusatz „Bad“ verliehen, der dann ab 1971 in den neuen Namen aufgenommen wurde.

(01 links) Bad Schönborn. Schloss Kislau

(02 oben) Bad Schönborn, heute eine Kur- und Bäderstadt

(03 oben rechts) Ein schöner Anblick: Störche sind hier wieder angekommen

SMC Bender

Schlosserei • Metallbau • CNC-Industrieteile
Landgraben 1, Bad Schönborn

SMC Bender am heutigen Standort in Bad Schönborn-Langenbrücken, Am Landgraben 1

Seit 1964 stellt die Firma Bender Ihre Kompetenz und Leistung mit einer langjährigen Erfahrung dem Markt zur Verfügung.

SMC Bender in Bad Schönborn ist seit vielen Jahren bekannt als professioneller Dienstleister in Sachen Metallverarbeitung. Dietmar Bender, der den Familienbetrieb mit seiner Frau Lydia Bender heute bereits in zweiter Generation erfolgreich führt, kann mit Stolz auf eine fast 50-jährige, abwechslungsreiche Firmengeschichte zurückblicken.

Gerhard Bender gründete 1964 die Schlosserei in Östringen.

Am 14. März 1967 erstellte Firmenchef Gerhard Bender mit Spatenstich einen Hallenbau.

Im Jahr 1984 wurde die Fertigung erweitert. Im selben Jahr erfolgte der Umzug des Unternehmens von Östringen nach Bad Schönborn/Mingolsheim in die Bahnhofstr. 2. Hier wurde der Grundstein zur sukzessiven Erweiterung der Firma SMC gelegt.

1986 stieg Dietmar Bender, der Sohn des Firmengründers in den Betrieb mit ein. Mit seiner Hilfe erfolgte die Einführung eines effizienten EDV-Systems. Zeitgleich wurde eine moderne Sägeanlage erworben.

1989 wurde in eine 40 t Stanze der Firma Mubea investiert.

1996 wurde mit der Anschaffung einer 300 t LVD-Abkantbank und einer Mengele-Schlagschere bis 15 mm der Grundstein für die Blechbearbeitung sowie für die Servicearbeiten gelegt.

1997 gründete Dietmar Bender seine eigene Firma. Mit einer Feinstrahlplasma- und Autogenbrennschneideanlage mit angeschlossener CAD- Technik war man nun in der Lage komplexe 2D-Geometrien herzustellen.

2000 fand der Ausbau der mechanischen Bearbeitung auf CNC-Technik statt. Des weiteren wurde ein Bearbeitungszentrum der Firma Stama 1800/500/500, sowie eine 100 t Stanze der Firma Mubea angeschafft.

2002 kam ein weiteres CNC-Bearbeitungszentrum der Firma Heckler & Koch 1600/400/400 und eine 80 t Stanze der Firma Mubea hinzu.

2003 übernahm die Firma Dietmar Bender Feinstrahlplasmatechnik die väterliche Firma Gerhard Bender und firmierte in SMC Bender um.

2004 kam ein weiteres CNC Bearbeitungszentrum der Firma

Heckler & Koch 1800/500/500 für die schwere Zerspanung hinzu.

2005 vergrößerte sich die SMC Dietmar Bender mit einer weiteren Montage- und Lagerhalle von 700m^2 auf 1000m^2 Produktionsfläche.

2006 wurde der CAD-Bereich mit einem großen Endplotter für das Gebiet CAD-Plot-Service für die Treppen und Geländer Konstruktion erweitert.

2007 ergänzte man die CNC-Schwerzerspanung mit einer Spezialplatte zum Spanen von Großteilen bis 1800 mm und Gerhard Bender ging in den wohlverdienten Ruhestand.

2011/2012 verlagerte die Firma SMC Bender nach Bad Schönborn Langenbrücken in den Landgraben 1. In den dort zur Verfügung stehenden 1700m^2 Hallenfläche und 1700m^2 Freifläche konnte zusätzlich in eine Großlaseranlage bis 1500/6000 und in eine hydraulische Gesenkbiegepresse nach neustem Stand der Technik investiert werden. Damit ist der Grundstein zu einer Metallwarenfabrik gelegt.

Dietmar Bender und sein erfahrenes, qualifiziertes Mitarbeiterteam sind Spezialisten für Klein-bis Großserien, Sonder- und Apparatebau sowie Transportmittelbau. Bei ihnen steht der Kunde im Mittelpunkt des Denkens und Handelns. Besonders dann, wenn hohe Ansprüche an Funktionalität und Design gestellt werden, erarbeiten sie in enger und persönlicher Zusammenarbeit mit dem Kunden individuelle und passgenaue Lösungen für dessen Anwendungen.

Durch die hohe Kapazität und Fertigungstiefe ist SMC Bender sehr flexibel und kann seinen Kunden Kosten und Termine auch bei kurzfristigen Aufträgen zusichern. Außerdem garantiert Dietmar Bender seinen Kunden auch bei einem „kleinen" Auftrag ein optimales Preis – Leistungs-Verhältnis.

Die Stärken des Unternehmens sind:

- Individualität nach Kundenvorgaben
- Übernahme und Austausch von Daten durch die hauseigene Konstruktionsabteilung
- Prototypfertigung
- Null-Serien
- Klein–bis Großserien
- Sonderanfertigungen, Einzelstücke, Individualbau
- Material: Stahl, Edelstahl, Aluminium, NE-Metalle
- Oberflächenbehandlung

Eine CNC Bearbeitung in den Bereichen thermisches Trennen, Fügen, Zerspanen, Verformen, Kanten wird eigenständig bei SMC Bender durchgeführt. Aber auch in den handwerklichen Bereichen wie Sägen, Scheren, Drehen, Fräsen, Bohren, Schleifen, Stanzen, Biegen oder in verschiedenen Schweißtechniken mit Eignungsnachweis nach DIN EN 287 wird ein breites Fertigungsspektrum garantiert.

Seit vielen Jahren arbeitet die Firma SMC Bender für namhafte Unternehmen in ihrer Umgebung und fertigt für zahlreiche, renommierte Industriebetriebe, die weit über die Grenzen hinaus bekannt sind. Zu den vielen zufriedenen Kunden zählen nicht nur gewerbliche, sondern auch private Auftraggeber, die von der Professionalität von Dietmar Bender und seinem kompetenten Mitarbeiterteam überzeugt sind und das Unternehmen gerne weiter empfehlen.

SMC Bender
Schlosserei · Metallbau · CNC-Industrieteile

Stanzen
Automatenzuschnitte
CNC-Kantteile
CNC-Laserzuschnitte
CNC-Feinstrahlplasmazuschnitte
CNC-Autogenbrennzuschnitte
CNC-Bohren
CNC-Fräsen
CNC-Drehteile

Aktuelle Informationen erfahren Sie unter: www.smc-bender.de

Damals

Stadt Bretten
Die Anfänge

Zur Siedlungsgeschichte

Die früheste urkundliche Nennung von Bretten (in der Schreibweise *Breteheim*) geht auf das 15. Jahr der Regierung König Pippins aus dem Frankengeschlecht der Merowinger zurück, wie es in dieser Schenkungsurkunde heißt, die am 7. Mai 767 im Reichskloster Lorsch an der Bergstraße ausgefertigt worden war. Damit gehört sie zu den ältesten Urkunden, die uns aus dem frühen Mittelalter berichten. Doch reicht die Siedlungsgeschichte Brettens viel weiter zurück. Archäologische Funde geben davon Kunde, dass Menschen der Jungsteinzeit schon vor 7000 Jahren auf den fruchtbaren Böden des Kraichgaus gesiedelt haben. Spuren fanden sich auch aus den Epochen der Kelten und Römer. Von besonderer Bedeutung für

(04) Bretten. Am alten Rathaus wird bildhaft gezeigt, wie viele Herrschaften im Lauf der Jahrhunderte hier das Sagen hatten

die Brettener Geschichtsforschung wurde der zufällige Fund von 3 Reihengräberfeldern, die in die Zeit der fränkischen Landnahme im 6. und 7. Jahrhundert verweisen. Aus der Ortsnamenforschung ist bekannt, dass die Orte auf - *ingen* und *-heim* zu den frühesten Gründungen der alamannischen und fränkischen Zeit gehören. Und weil die Franken es waren, die Anfang des 6. Jahrhunderts im Kraichgau bäuerliche Kolonisten ansiedelten, kann als sicher gelten, dass auch Breteheim/Bretten um das Jahr 500 gegründet worden ist. Durchaus denkbar ist, dass es hier eine alamannische Vorgängersiedlung gegeben hat. Nach der vernichtenden Niederlage, die der Frankenkönig Chlodwig 496 dem alamannischen Herzogtum bereitet hat, waren die neuen Herren in das ehemals alamannische Gebiet eingezogen. Die alte Landbevölkerung wird sich mit der neuen vermischt haben.

Herkunft des Ortsnamens

Seit im 15. Jahrhundert ein starkes geschichtliches Bewusstsein erwachte, machten sich die Menschen Gedanken über die Herkunft und Bedeutung ihres Ortsnamens. Philipp Melanchthon, Brettens berühmtester Sohn, vermutete einen Zusammenhang mit der Stationierung britannischer Hilfstruppen der Römer. Andere suchten eine Erklärung aus dem keltischen Wort Brito/Breto (Richter). Jüngere Deutungsversuche gehen von einem althochdeutschen Wort aus: *bret* (Plural *breta*) mit der Bedeutung Brett. Man vermutete, dass hier die Verwendung von Brettern bei der Salzgewinnung eine Rolle spielte. (Der im Mittelalter abgegangene Ort Salzhofen vor den Toren Brettens ließ auf einen Salinenbetrieb schließen). Das Wort bret (für Brett) kommt aber auch in einigen Flurnamen vor, etwa auf der Höhe nördlich der Stadt in „Brettspiel", wobei das Wort „Spiel" nicht an „Mensch-ärgere-dich-nicht" erinnert wird, sondern (nach einem lateinischen Wort) an einen Aussichtspunkt, der in Verbindung mit „Brett" eine brettartige, flache, tafelförmige Form hat. Der Name *Breteheim* würde demnach bedeuten: *das Heim an der brett- oder tafelförmigen Aussichtslage*. Wenn man bedenkt, dass der Ortskern des mittelalterlichen Bretten bei Stiftskirche und ehemaligem Steinhaus (späterem Amtshaus) zu finden ist, dann wird man im Blick auf die erhöhte Lage und die plateau- bzw. brettförmige Topographie diese Namenserklärung für einleuchtend halten. Die Wahl des Ortes ging gewiss auf dieses Naturmerkmal zurück.

Eckardt Umformtechnik GmbH

Westliche Gewerbestraße 2, Bretten

Das Firmengebäude in Bretten, Westliche Gewerbestraße 2

Die Eckardt Umformtechnik GmbH in Bretten ist seit über 18 Jahren der kompetente Ansprechpartner für professionelle Beölungsgeräte für die metallverarbeitende Industrie. Seit der Firmengründung im Jahr 1992 wurde der Produktbereich kontinuierlich erweitert und so bietet das Unternehmen heute von kleinen Filzbeölern ab einer Beölungsbreite von 10 mm über Sektor- und Aufquetschbeölungsapplikationen bis zu einer Beölungsbreite von ca. 1500 mm bis hin zu Sprühapplikationen von einer bisher maximalen Beölungsbreite von 4500 mm ein großes Spektrum für individuelle Kundenwünsche in der Blechbeölung. Umformmedien, Öle, Trennmittelmittel, ja beinahe alle noch fließfähigen Medien ist das Aufgabengebiet der Eckard Umformtechnik GmbH. Je nach Kundenanforderungen werden die Aufträge mit Sprühanlagen, Filzwalzen- oder Aufquetschbeölern realisiert.

Das kompetente Mitarbeiterteam von ECKARDT ist stets am Puls des Marktes und orientiert sich am direkten Bedarf der Industrie, wodurch es in der Lage ist, die Produktpalette ständig mit sinnvollen und effektiven Neuentwicklungen zu ergänzen. Dazu zählen:

Sprühbeölung: Sprühsysteme ermöglichen den prozesssicheren, kontaktlosen Auftrag von Ölen und Trennmitteln und können überall da, wo gleichmäßige Auftragsmengen nötig sind, eingesetzt werden. Die ECKARDT-EOS-Sprühsysteme werden jeder Anforderung gerecht und passen mit ihren hervorragenden Eigenschaften in alle Anlagentypen. Für jeden Einsatzbereich entwickelt das erfahrene Mitarbeiterteam individuelle Lösungen und konzeptioniert neue Anlagen, oder aber ergänzt bestehende Fertigungssysteme.

Walzenbeölung

Filzwalzbeöler: Die „Filzwalze“, deren Technik und Funktion sehr einfach ist, ist das am häufigsten eingesetzte Beölungsgerät in der Umformtechnik. Aus senkrecht stehenden Bohrungen in der Achse tropft der Schmierstoff in ein perforiertes Trägerrohr. Das Öl wird der feststehenden Hohlachse mit Hilfe einer Pumpe oder aus einem Druckvorratsbehälter zugeführt. Durch die Rotation der Walze wird das Öl im Rohr gleichmäßig verteilt und sickert durch die Bohrungen in den auf das Trägerrohr aufgezogenen Filzschlauch. Die ölgetränkten Walzen rollen sich auf dem durchlaufenden Blech ab und geben eine dem Sättigungsgrad entsprechende Ölmenge ab.

Aufquetschbeöler: Vor dem Stanz- und Umformprozess ist das gezielte Beölen von Bändern und Platinen meistens unumgänglich. Wenn gewährleistet werden kann, dass der Schmierstoffauftrag mit einem qualitativ hochwertigen Schmiermittel immer lückenlos und gleichmäßig vorhanden ist, ist oftmals ein dünner Ölfilm von ca. 1 - 5 g/m² ausreichend. Entscheidend ist hierbei ein gleichmäßiger, lückenloser Schmierfilm, der zum einen die Trennung zwischen Material (Blech) und Werkzeug gewährleistet, zum anderen aber auch die Streckung des Materials ohne Abriss.

Trockenreinigungsanlagen: Aufgrund der Erfahrungen mit der presswerksgerechten Bauweise und dem Bedarf ihrer Kunden hat die Eckard Umformtechnik GmbH eine alternative Reinigungslösung zu den üblicherweise verwendeten, mit Waschemulsion arbeitenden Waschmaschinen, entwickelt. Seit dem Sommer 2007 führt sie eine äußerst effiziente Bürsteneinheit, mit der Platinen und Bänder mit Breiten von 500 mm bis 4500 mm wirkungsvoll und kostengünstig gereinigt werden können. Diese Reinigungseinheiten können problemlos mit allen ECKARDT-Beölungs- und Automationsgeräten verknüpft werden.

Ölnebebelabscheidung: Zur effektiven Reduzierung und Eliminierung von unerwünschten Sprüh- und Ölnebeln sowie Öldämpfen bietet ECKARDT ein effektives und speziell angepasstes Filtersystem an. Hierbei sorgt die optimale Strömungsführung in Sprühkammer und Filter für eine 100 % ölnebelfreie Umgebung an Maschine und Arbeitsplatz.

Dosierungsanlagen: Alle Ölversorgungs- und Dosieranlagen, die sich durch eine exakte Dosierung auszeichnen, sind optimal auf alle ECKARDT-Beöleranlagen abgestimmt. Von der kleinen integrierten Dosierung bis zur Stand-Alone-Ölversorgung mit Filteranlage und Tankheizung wird jeder Bedarf erfüllt.

ROTOL-Schmierstoffe: Umformmedien wie Stanz- und Tiefziehöle sowie die Planung und Realisierung der zur Beölung gehörenden Automation wie Platinenlader, Zentriertische und komplette Beölungswagen sind schon seit einigen Jahren Bestandteil des Angebots von ECKARDT. Zu den festen und flüssigen Schmierstoffen in erstklassiger Qualität zur effektiven, wirtschaftlichen und ergiebigen Beölung zählen: Umformöle für Stahl, Edelstahl, NE-Metalle, Titan uvm., Hot-Melt, selbstverflüchtigende Umformöle, pastöse Umformmedien mit hoher Umformleistung (ohne Abtropfen zum Walzen und Sprühen), Trockenschmierstoffe mit einer hohen Umformleistung bei sehr geringen Auftragsmengen.

Software und Programmierung: Know-how trifft Hardware. Damit das Eine zum Anderen passt, bietet ECKARDT die Software gleich mit dazu. Ob als SPS oder als WIN-Anwendung, ob als Standard-Modul oder komplett in einen Verfahrensablauf integriert. Die Spezialisten von ECKARDT schaffen die optimale Lösung für die Kommunikation zwischen Mensch und Maschine und der Kunde kann bei der Steuerung seiner Beölungsanlage auf die ausgereiften Softwarelösungen von ECKARDT vertrauen.

Bei ECKARDT erwartet den Kunden ein kompletter Rundum-Service, bei dem er von dem Know-how und dem Innovationspotential des erfahrenen Mitarbeiterteams profitiert. Er kann sich sicher sein, dass jeder Auftrag, egal ob es sich um ein Standard- oder Sondersystem handelt, professionell, sorgfältig, schnell und gezielt in enger Zusammenarbeit mit ihm durchgeführt wird.

Das volle Leistungsprogramm beinhaltet:

- Beratung
- Konstruktion
- Fertigung
- Montage
- Reparaturen
- Wartung
- 3D-CAD-Engineering
- weltweiter Service
- Standardlösungen und Sonderanlagenbau
- Steuerungen und Software
- individuelle Programmierung

www.eckardt-gmbh.de

Damals

Wer waren die Herren von Bretten?

Wie der Planet Jupiter von einer Anzahl von Monden umgeben ist, so erscheint auf der frühmittelalterlichen Kraichgaukarte die Siedlung Bretten. Sie war eine Urmark, auf deren Gemarkung schnell eine erstaunliche Zahl von Ausbauorten entstanden war. *Diedelsheim* gehörte dazu und *Rinklingen, Bauerbach* und *Gölshausen*. Im Areal der (schon im Mittelalter) abgegangenen Siedlungen *Weißhofen* und *Salzhofen* wurden die erwähnten Reihengräberfelder entdeckt, was zusätzlich auf eine Gründung in der ersten Ausbauzeit hinweist. Ebenfalls auf der Gemarkung Bretten entstanden, aber der sogenannten Rodungsperiode (11. bis 13. Jh.) zuzuordnen sind die Orte *Sprantal* und *Ruit*.

Wem gehörte denn das Land, auf dem gesiedelt worden ist, der Wald, in dem das Wild gejagt und das Holz zum täglichen Gebrauch geschlagen wurde, wer war Herr über das Wasser, ohne das man nicht leben konnte? Die schon genannte Urkunde, die am 7. Mai 767 im Kloster Lorsch unterschrieben ward und in welcher der Ortsname Bretten (Breteheim) erstmals in Erscheinung tritt, diese Urkunde spricht von einer Schenkung eines gewissen *Wigilo* und seiner Ehefrau Hartrud. Der Besitz umfasste Hofgüter, Häuser, Gebäude, Wiesen, Wald, Wasser. Das ist nicht wenig. Bauer kann Wigilo nicht gewesen sein, wie hätte er dies alles auch mit eigenenHänden bearbeiten können. Es gibt andere Urkunden aus dieser Zeit, in denen nicht nur von Hofgütern die Rede ist, sondern auch von Knechten und Mägden, die einfach mit verschenkt oder verkauft worden sind. Das waren Leibeigene, Unfreie. Wigilo war ein Freier. Forscher sagen, dass man mit ihm einen der frühesten Adeligen der Region in den Blick bekommt. Diese Adeligen erhielten ja ihren Adel in der Regel durch die Nähe zu den herrschenden Geschlechtern: sie waren ihre Dienstmannen. Und die herrschenden Geschlechter, etwa die im Kraichgau mächtigen Lauffener Grafen, waren ihrerseits dem König verpflichtet und mit Königsland belehnt. Es dauerte lange, bis sich aus diesem mittelalterlichen Feudalsystem mit seinen unübersichtlichen Besitz- und Herrschaftsverhältnissen zusammenhängende Territorien entwickeln konnten, in welchen die Herrschaft sozusagen in *einer* Hand lag. Ein historischer Gemarkungsplan von Bretten und Sprantal um 1600 macht diese komplizierten Verhältnisse deutlich. Der Ort war auf Brettener Markung entstanden, hatte also keine eigene Gemarkung. Innerhalb der Siedlung waren andere Herrschaften zuständig als außerhalb. Ein Bannzaun (an den noch heute das Sprantaler Wappen erinnert), machte diese Grenze erlebbar. Im Zuge territorialer Arrondierungen standen sich an dieser Zaungrenze um 1600 das Herzogtum Württemberg innerorts und die Kurpfalz, denen die Brettener Markung zugefallen war, gegenüber.

Von besonderer Bedeutung für die Entwicklung Brettens war allerdings, dass das Siedlungsland ursprünglich Königsland war, das als Lehen nach königlicher Interessenlage vergeben wurde. Dabei kamen auch Klöster und Bistümer zum Zuge, die als Kulturträger in der fränkischen Expansionspolitik eine wichtige Rolle spielten. Eine bedeutende Rolle in Bretten spielte in dieser frühen Zeit das *Bistum Metz*, das als Lehensherrschaft starken Einfluss auf die Entwicklung nahm. Der Hl. Stephanus, der Hausheilige von Metz, wurde deshalb auch Patron der Brettener Kirche.

(05) Bretten. Hier im Süden der alten Stadt befand sich das Gottesackertor, an das heute eine moderne Konstruktion erinnert

TBZ GmbH

Fahrzeugbau

Robert-Bosch-Straße 10, Bretten

Die TBZ GmbH hat für jedes Problem die passende Lösung!
Erfahren Sie mehr unter: www.tbz-fahrzeugbau.de

Die TBZ GmbH, ehemals Harald Kübler GmbH, stellt ihre langjährige Erfahrung bei der Konzeption und Konstruktion von Spezialbauten zum Transportieren, Abschleppen und Bergen zur Verfügung.

Harald Kübler gründete das Unternehmen 1983 in Bretten mit dem Namen Harald Kübler GmbH. Die Geschäftsidee von Harald Kübler und seinem Partner Matteo La Torre, dem heutigen Technischen Leiter der TBZ GmbH, war, keine Fahrzeuge von der Stange anzubieten, sondern nur individuell gebaute Einzeltypen, die ganz den Wünschen und Anforderungen des Kunden entsprechen.

Von der ersten Planung bis zur Übergabe an den Kunden realisierten Harald Kübler und Matteo La Torre viele Spezialfahrzeuge und brachten die Firma mit großem Engagement und persönlichem Einsatz positiv voran. Mit ihrem technischen Know-how und ihrer Professionalität überzeugten und begeisterten sie im Laufe der Zeit viele Kunden in Deutschland und die Zahl der Mitarbeiter stieg stetig bis auf 10 an.

Der Firmengründer Harald Kübler verstarb durch einen tragischen Unfall im August 2003. Sein Schwiegersohn übernahm die Firma und führte diese bis September 2008. Im Oktober 2008 gründeten die damaligen Mitarbeiter Matteo La **T**orre, Elke **B**ugert und Jörg **Z**ailer die Firma TBZ GmbH und übernahmen die Geschäfte der Harald Kübler GmbH mit neuem Namen.

Das erfahrene und freundliche Team der TBZ GmbH besteht heute aus Matteo La Torre - Technischer Leiter, Elke Bugert - Prokuristin/Finanzverwaltung, Jörg Zailer - Geschäftsführer und fünf qualifizierten Mitarbeitern. Ganz im Sinne des Firmengründers lassen auch sie keine Kundenwünsche offen. Auf einer Gesamtfläche von ca. 500 m² sind die Verwaltung sowie die Produktion mit der firmeneigenen Werkstatt untergebracht. Dort entstehen in Bretten die unterschiedlichsten Spezialanfertigungen für die zahlreichen zufriedenen Kunden, zu denen Abschleppunternehmen, Autohäuser und Lackierbetriebe zählen, aber auch Speditionen und Kommunen. Die TBZ GmbH ist Mitglied im VBA - Verband der Bergungs- und Abschleppunternehmen e.V. und arbeitet eng mit allen renommierten LKW-Herstellern zusammen.

Durch konsequente Weiterentwicklung von speziellen Aufbaukonstruktionen wurde ein umfassendes Know-how erworben, das es der TBZ GmbH ermöglicht, neben der Produktvielfalt auch eine einzigartige Qualität ihrer Aufbauten zu garantieren. Die Einhaltung der vorgegebenen

Aufbau-Richtlinien der Industrie, EU-Bestimmungen sowie der ISO-Normen ist darüber hinaus selbstverständlich.

Zu dem breit gefächerten Sortiment gehören seit 2010 auch Niederrahmenchassis und Sattelauflieger, welche mit der Führerscheinklasse BE gefahren werden dürfen. Diese werden in der eigenen Werkstatt produziert. Alle anderen Aufbauten werden in Italien zugekauft. Egal, ob es um Abschleppaufbauten, Transportaufbauten oder Bergeaufbauten geht: Die TBZ GmbH hat für jedes Problem die passende Lösung!

Hubbrillenaufbau Classic: Die vollhydraulische Hubbrille mit Klipp-Klapp Funktion.

NRC-Autotransporter: Das ideale Fahrzeug für den professionellen und vielseitigen Einsatz. Die Fahrzeuge sind auch starr mit Schienen lieferbar.

Sattelauflieger BE 3,0 to: Der durch seine Kompaktheit leicht und sicher manövrierbare und wendige Autotransporter-Sattelzug mit höchster Nutzlast.

Sattelauflieger BE 3,5 to: Der Sattelauflieger ist ideal für ein oder zwei kleine Fahrzeuge. Er ist wendig und auch gut für den innerstädtischen Verkehr geeignet.

Sattellauflieger BE 5,25 to: Die Auflieger sind konzipiert für das Überführen von Fahrzeugen. Von zwei Fahrzeugen bis hin zum Wohnmobil und Kofferfahrzeugen ist alles möglich.

Festplateaus: Die Festaufbauten beginnen mit der Sprinter/ Crafter Klasse und enden mit den Schwerlastplateaus bei 26 to GG.

Schwerlastplateaus: Diese Plateaus sind besonders für Stapler, Hubarbeitsbühnen oder schweres Baugerät geeignet. Mit dem Vollaluminiumboden sind Nutzlasten bis zu 14 to möglich.

Hydraulisches Aluminium-Schiebeplateau AL 500/AL 600: Das Schiebeplateau AL 500 eignet sich für ein Fahrgestell mit einem GZG bis 5 to. Das Schiebeplateau AL 600 eignet sich für Fahrgestelle mit einem GZG von 6 - 7,49 to.

Hydraulisches Aluminium-Stahl-Schiebeplateau AL 200/ST 200 für Nutzlasten von 3 - 4 to: Das Aluminium Schiebeplateau AL 200 eignet sich für Fahrgestelle mit einem GZG von 7,49 - 9,5 to. Das Stahl Schiebeplateau ST 200 eignet sich für Fahrgestelle mit einem GZG von 8,6 - 12 to.

Hydraulisches Aluminium-Stahl-Schiebeplateau AL 202/ST 200 für Nutzlasten von 4 - 5 to: Das Schiebeplateau AL 202 eignet sich für Fahrgestelle mit einem GZG von 9,5 - 14 to. Das Stahl Schiebeplateau ST 202 eignet sich für Fahrgestelle mit einem GZG von 10 - 15 to.

Hydraulisches Aluminium-Stahl-Schiebeplateau AL 400/ST 400 für Nutzlasten von 5 - 7 to: Das Aluminium Schiebeplateau AL 400 ist ein patentierter Kipp- und Schieberahmen. Es eignet sich für Fahrgestelle mit einem GZG von 15 - 18 to. Das Stahl Schiebeplateau ST 400 ist ein patentierter Kipp- und Schieberahmen. Es eignet sich für Fahrgestelle mit einem GZG von 15 - 18 to.

Hydraulisches Stahl-Schiebeplateau ST 450 für Nutzlasten von 8 - 12 to: Das Stahl-Schiebeplateau ST 450 ist ein patentierter Kipp- und Schieberahmen. Es eignet sich für Fahrgestelle mit einem GZG von 15 - 18 to.

Hydraulisches Aluminium-Stahl-Doppelstock-Schiebeplateau AL 250 /ST 250 für Nutzlasten von 4,5 - 5,5 to: Das Aluminium-Doppelstock-Schiebeplateau AL 250 eignet sich für Fahrgestelle mit einem GZG von 10 - 18 to. Das Stahl Doppelstock Schiebeplateau ST 250 . Es eignet sich für Fahrgestellte mit einem GZG von 10 - 15 to. Bei beiden Ausführungen ist die obere Etage voll absenkbar und legt sich komplett auf das untere Plateau ab.

5-er /6er Zug System Venus: Hebebühne vorne und hinten mittels selbstverriegelnden hydraulischen Zylindern/Kein Fahrerhausüberbau/ Laufbahnen bestehend aus Lochblech/Kugelkopfkupplung/Lackierung (Fahrerhaus ausgenommen): einfarbig/Überhang hinten fest mit eingelassenen manuellen Auffahrrampen, damit das Fahrzeug als Solo einsatzfähig ist/Lieferung und Montage von funkferngesteuerter hydraulischer Winde samt Umlenkrollen/Lieferung und Montage von Hydraulik Pumpe/Staukasten/Laderaumbeleuchtung/Abdeckblech zwischen den Laufbahnen auf untere Ebene sowie auf Hebebühne.

ROLFO-TBZ Anhänger: Zum Transport von Wohnmobilen, PKW und Kastenwagen.

Die TBZ GmbH führt auch ein umfangreiches Zubehör für alle Aufbauten von der Winde bis zur Funksteuerung. Außerdem bietet sie ihren Kunden einen 24-Stunden-Service für Reparaturen und Ersatzteile.

Damals

Bretten wird Stadt

Die Urkunde trägt das Datum vom 20. November 1254, in welcher zum ersten mal von der „Stadt“ Bretten (lateinisch: oppidum) die Rede ist. In diesem mittelalterlichen Schriftstück geht es keineswegs um die Stadterhebung, vielmehr wie so oft um eine Schenkung. Die Erwähnung der *Stadt* Bretten geschieht beiläufig. Insofern bleibt das städtische Geburtsdatum Brettens im Dunkeln. Doch gibt es einige Anhaltspunkte für den ungefähren Zeitraum.

Die Urkunde von 1254 wurde auf der Burg Udenheim (der späteren Festung Philippsburg) ausgestellt und vom Burgherrn unterschrieben, dem Grafen Eberhard IV. von Eberstein. Das bedeutende Adelsgeschlecht derer von *Eberstein* waren im 13. Jahrhundert Nachfolger der Kraichgaugrafen von *Lauffen* geworden und so auch in Besitz von Bretten gekommen. Es existiert eine Urkunde aus dem Jahr 1207, in welcher Eberhard III. von Eberstein Bretten noch als „sein Dorf“ bezeichnet. Damals stand die staufische Königsherrschaft noch in voller Blüte, und es wäre undenkbar gewesen, dass ein Graf vom Range der Ebersteiner das Königsrecht von Stadtgründungen hätte ausüben können. Nach dem Niedergang der Staufermacht allerdings ist dies in den deutschen Landen um die Mitte des 13. Jhs. oft praktiziert worden. Die Ebersteiner haben in dieser Zeit neben Bretten noch 7 weitere Städte gegründet: Ballenberg, Gernsbach, Gochsheim, Krautheim, Kuppenheim, Muggensturm und Neuburg a.Rh. Es war eines der bedeutendsten Geschlechter im badischen Raum in den 150 Jahren zwischen 1150 und 1300. Neben den Städten gründeten sie die Klöster Herrenalb und Maulbronn, sie besaßen Burgen (auch in Bretten) und sie waren die Lehensherren über einen bedeutenden Besitz.

Die Stadterhebung von Bretten durch Eberhard IV. von Eberstein ist also ein Vorgang mit Gütezeichen. In ihr spiegelt sich in anschaulicher Weise der wirtschaftliche und politische Stellenwert, den Bretten für die Ebersteiner Grafschaft einnahm. Ganz aus heiterem Himmel kam diese Auszeichnung also nicht. Ein Jahrhundert vorher hatte Bretten bereits das Markt- und das Münzrecht erhalten. Dieser vorstädtische Markt war eine bedeutende Voraussetzung für die

Entwicklung hin zur Stadt. Marktdörfer waren an sich schon etwas Besonderes. Sie lagen alle, wie auch Bretten, verkehrsgünstig an den großen Fernstraßen, auf denen die Kaufleute und sonstigen Reisenden unterwegs waren. Man konnte hier mit guten Geschäften und wirtschaftlichem Aufschwung rechnen. Nun bekam der Ort mit der Stadterhebung ein neues Gesicht und neue Strukturen. 1283 wird das Salzhofer Tor erwähnt. Da muss die Stadt also bereits befestigt gewesen sein. Ebenso erfährt man von einem Stadtsiegel, das auf eine ratsherrliche Stadtverwaltung verweist unter dem Vorsitz eines Schultheißen. Der Amtmann wohnte im Steinhaus, einem Wohnturm bei der Kirche, dem späteren Amtshaus. Die Stadtherren selbst residierten allerdings nicht in Bretten, der wichtigsten Stadt im Herrschaftsbereich der Ebersteiner. Wir wissen nicht warum. Die Zeit dieses glorreichen Geschlechts ging auch bald zu Ende. Nicht zuletzt die vielen Erbteilungen führten das Ende herbei. Am 3. Dezember 1349 fand in Bretten jener Rechtsakt statt, der für die Geschicke der Stadt in den nächsten 450 Jahren bestimmend werden sollte: Die Ebersteiner verkauften Bretten für 7900 Pfund Heller an den Pfalzgrafen Ruprecht d. Ä. Das geschah *in der kontschaft von Brethagen und an der fryen straßen des riches,* das heißt: „öffentlich zu Bretten an der freien Straße des Reiches, in Anwesenheit vieler Leute und namentlich genannter Personen von Adel. Damit wurde einem mittelalterlichen Grundsatz entsprochen: Der Übergang der Stadt an den neuen Besitzer sollte nicht heimlich stattfinden, sondern vor aller Welt publik gemacht werden“. (Schäfer)

(06) Der mächtige Pfeiferturm blieb als Zeuge der ehemaligen Stadtbefestigung erhalten

Damals

Die Belagerung von Bretten im Jahre 1504

- ein Ereignis das man in der Stadt nie vergessen hat -

Das Brettener Volksfest an Peter und Paul hat seine historischen Wurzeln in jener Belagerung, die sich tief in das Gedächtnis der Stadt eingegraben hat. Vor allem der Ausfall der Belagerten am 28. Juni, welcher die positive Wende für die Stadt brachte, fand Eingang in das Traditions- und Heimatfest, das Bretten noch heute feiert. Doch erzählen wir der Reihe nach die Geschichte, die für die Kurpfalz mit großen Verlusten endete.

Sie spielt im sogenannten pfälzisch-bayrischen Erbfolgekrieg. Sowohl die Kurpfalz als auch das Herzogtum Bayern wurde von Wittelsbachern regiert. Als nun Herzog Georg der Reiche von Bayern-Landshut, einer Wittelsbacher Seitenlinie, sein Land an die Kurpfalz vererben wollte, waren die Münchner Vettern dagegen. Dennoch kam es soweit, und die Landshuter Erbtochter wurde in Heidelberg mit dem jungen Pfalzgrafen Ruprecht vermählt. Da brach ein Erbfolgekrieg aus. Das Herzogshaus von Bayern-München fand Unterstützung beim Kaiser, aber auch bei einigen Fürsten, die ihrerseits kein Interesse am Erstarken der Kurpfalz hatten. Kaiser Maximilian und der Schwäbische Bund schritten zu Strafmaßnahmen. Die Markgrafen von Brandenburg-Ansbach und die Stadt Nürnberg beteiligten sich, ebenso der Herzog von Württemberg, der Landgraf von Hessen, die Grafen von Hohenlohe, Leiningen, Zweibrücken und noch andere. Der Markgraf von Baden wollte vermitteln, ohne Erfolg. Herzog Ulrich, von dessen kriegerischem Beitrag hier die Rede sein soll, eroberte zunächst nach einwöchiger Belagerung, das Kloster Maulbronn, welches unter pfälzischer Schirmherrschaft stand. Zwar war das Kloster stark befestigt, wurde auch von 300 Mann verteidigt. Doch ließ Ulrich dem Kloster die Quellen abgraben und erzwang so die kampflose Übergabe. Seither gehört Maulbronn zu Württemberg. Dann zog Ulrich mit seinem Heer weiter auf Bretten zu. Die stark befestigte pfälzische Stadt hatte eine Schlüsselfunktion im kurpfälzischen Territorium. Dass der Württemberger die strategische Bedeutung und Stärke Brettens richtig einschätzte, kann man an der Größe seines Heeres sehen: 20 000 Fußsoldaten und 800 Reiter zogen vor Bretten, darunter Kontingente aus

Frankreich und aus verschiedenen Reichsstädten. Herzog Ulrich konnte auch das beste Kriegsgerät aufbieten, das damals zu haben war: Schwere Geschütze, von denen das „Ketterlin von Ulm" Steinkugeln mit bis zu 40 cm Durchmesser schleudern konnte. Nordwestlich der Stadt auf einer Anhöhe schlug er sein Lager auf. Aber auch der Pfalzgraf und sein Brettener Amtmann hatten vorgesorgt. Kriegserfahrene Offiziere und Soldaten standen bereit, mit Handkanonen, Büchsen, Pech und Schwefel die Stadt zu verteidigen. Auch Proviant war genug vorhanden. Dennoch setzte die Junihitze und die lange Belagerungszeit den Nerven der Belagerten schwer zu. Es wird von heiklen Konflikten zwischen Bevölkerung und den fremden Landsknechten berichtet. Kluges Intervenieren der Verantwortlichen konnte aber auch diesen internen Konflikt lösen.

Dann einigten sich die Hauptleute auf den historischen Ausfall vom 28. Juni 1504. Alles musste streng geheim vorbereitet werden. Morgens um 7 Uhr ließ man die Truppen auf dem Marktplatz zusammenrufen.Erst jetzt wurden sie mit dem Plan vertraut gemacht. Der sah einen Überraschungsangriff gegen die Geschützstellung des Feindes vor. Die Geschütze sollten in die Stadt gebracht oder aber unbrauchbar gemacht werden. Die Soldaten im Hauptlager, die von dem Ausfall völlig unerwartet beim Kartenspiel und der Kleiderreinigung überrascht worden waren, erwarteten einen Angriff auf ihr Lager und waren vollauf damit beschäftigt, schnell eine Wagenburg aufzustellen. So konnten die Brettener ihren Angriff auf die Schanze in aller Ruhe zu Ende bringen. Die Verluste an Menschenleben hielten sich bei den Belagerern in Grenzen. Die Stadt hatte offenbar gar keine Verluste zu beklagen. Militärisch hatte dieser Ausfall wahrscheinlich keine allzu große Bedeutung, Herzog Ulrich jedenfalls konnte bereits am folgenden Tag die Beschießung der Stadt wieder aufnehmen. Die psychologischen Folgen waren aber umso größer. Ulrichs trotzige Gewissheit, dass er die Stadt schließlich zur Aufgabe würde zwingen können, war durch diesen Überraschungscoup tief erschüttert worden. Er schickte ein Schreiben an Kaiser Maximilian und bat, „man solle ihm schleunig Geschütz schicken". Es kam aber kein Kriegsgerät, sondern ein Unterhändler des Pfalzgrafen ins Feldlager des Württembergers. Man schloss einen Waffenstillstand; weder von Bretten noch von Maulbronn sollten wieder Feindseligkeiten ausgehen. So blieb Bretten bei der Kurpfalz.

Damals

Stadt Bretten:

(07) Bretten. An der Nordseite des Marktplatzes befindet sich der uralte Marktbrunnen. Die Brunnenfigur stellt in Rittermanier den einstigen Stadt- und Landesherrn dar: Kurfürst Friedrich II. von der Pfalz, der von 1544 - 1556 regierte.

Damals

Brunnenfiguren erinnern

(08) Der 'Hundlesbrunnen' erinnert an die Große Belagerung, bei welcher ein - mit den letzten Vorräten gemästeter - Hund den Belagerern zeigen sollte, dass die Eingeschlossenen noch lange ausharren können.

Damals

Bretten im Bauernkrieg und der Reformationszeit

Schon 1524 konnte man erkennen, dass Luthers Schrift und Lehre „Von der Freiheit eines Christenmenschen“ von den Unfreien und Unterdrückten, vor allem von den leibeigenen Bauern ernst genommen wurde. Ihre Sprecher schlossen sich zusammen. In Memmingen kam es zur Veröffentlichung der ‘12 Artikel der Bauernschaft’, in denen eine Verbesserung ihrer sozialen Situation und die Aufhebung der Leibeigenschaft gefordert wurde. Die Einleitung stellte klar heraus, dass die Bauern dabei nichts anderes verlangten als das göttliche Recht, das lautere Evangelium. So war der Bauernaufstand von vorneherein mit der Reformation verbunden.

Kein Wunder, dass sich Pfarrer wie Anton Eisenhut in Bruchsal und verständige Landesherren wie Markgraf Philipp von Baden und Pfalzgraf Ludwig auf Gespräche mit den Aufständischen einließen. Bald aber mehrten sich die kritischen Stimmen. Der Heilbronner Reformator Johann Lachmann veröffentlichte Flugschriften „Drey Christlihe ermanung an die Bauwerschafft“. Hier war es am Ostersonntag 1525 zu der verheerenden „Weinsberger Bluttat“ gekommen. Der „Neckartaler Haufen“ unter dem Anführer Jäklein Rohrbach hatte den in Weinsberg versammelten Adel durch die Spieße gejagt. Nicht mehr die Forderungen nach sozialer Gerechtigkeit bestimmte die Handlungen, sondern der Hass und die Habgier. Am 25. April forderten die Bauern die Stadt Bretten auf, sich ihrer Bewegung anzuschließen. Die Forderung war massiv: Falls die Stadt sie nicht einließe, kämen sie mit Gewalt und würden alle erwürgen, die über sieben Jahre alt seien. Es gab noch andere Bauernhaufen, die Interesse gerade an der Stadt Bretten zeigten, etwa der Bruhrainische und nicht zuletzt der Kraichgauer Haufe. Immerhin, so wird berichtet, standen in der Stadt 32 mit wertvollem Kaufmannsgut oberländischer Händler beladene Wagen, die auf der Rückreise von der Frankfurter Messe in den Mauern Brettens Station gemacht hatten. Die Verteidigung der Stadt machte allerdings auch den Riss offenkundig, der durch die damalige Gesellschaft ging: Die Armen in der Stadt protestierten dagegen, dass sie den Kopf für die Reichen hinhalten sollten, denen allein das Interesse der Belagerer galt. Der Ausgang des Bauernkriegs ist bekannt. Am 12. Mai kam es bei Böblingen und am 2. Juni bei Königshofen an der Tauber zu einem entsetzlichen Blutbad. Die schlecht bewaffneten Bauern hatten keine Chance und wurden zu Tausenden niedergemacht. Eine Änderung ihrer wirtschaftlichen und rechtlichen Situation hatten sie nicht erreicht. Ihr Stand blieb noch Jahrhunderte von einer Mitbestimmung ausgeschlossen.

Anfänge und Einführung der Reformation in Bretten

Die Universität Heidelberg hatte 1518 den Theologieprofessor Martin Luther zu einer Disputation eingeladen. Dieses Ereignis hatte seine neue Lehre in der Gegend bekannt gemacht. Die Bauern hatten in ihren „Zwölf Artikeln“ reformatorische Gedanken vorgebracht. Aber auch die Kraichgauer Ritterschaft schloss sich früh der Predigt des „lauteren und reinen Evangeliums“ an. Brettener konnten in vielen Orten ihrer Umgebung evangelische Predigten hören. Und auch der Pfalzgraf selbst zeigte sich der neuen Lehre gegenüber nicht verschlossen, auch wenn die Pfalz offiziell beim alten Glauben blieb. Er hätte sonst den wegen seiner evangelischen Gesinnung aus Worms vertriebenen Heinrich Stoll nicht zum Hofprediger in Heidelberg gemacht. In Bretten mögen die Verhältnisse vergleichbar gewesen sein. Man kann sich auch schwerlich vorstellen, dass in der Stadt Philipp Melanchthons, in welcher sein Bruder Georg Schwarzert wichtigste öffentliche Ämter einschließlich des Schultheißenamts bekleidete, ein papistischer Prediger geduldet worden wäre. Bruder Georg hat im Gegenteil die wesentliche Rolle gespielt bei der Einführung der Reformation in der Stadt. Seiner Initiative ist es zu verdanken, dass 1541 durch Pfarrer Adam Bartholomäus in der Brettener Stadtkirche das Abendmahl „in doppelter Gestalt“ mit Brot und Wein gereicht wurde. Es ist kaum vorstellbar, dass dieser brisante politische Vorgang ohne Wissen und Zustimmung des Landesherrn möglich war. Bretten war keine freie Reichsstadt. Vielmehr spricht alles dafür, dass der bedeutende Georg Schwarzert seinen offenbar großen Einfluss auch beim Pfalzgrafen geltend machen konnte. Umsichtig hatte er sich erst bis ins Detail kundig gemacht, wie denn ein solches Abendmahl in die Gemeinde gebracht und gefeiert werden könnte, ehe er sich mit seinen Vorstellungen an den Landesherrn gewandt hatte.

Damals

(09) Melanchthons Denkmal vor der Brettener Stadtkirche. In der Hand hält er die von ihm verfasste Confessio Augustana. Sie wurde 1530 dem Kaiser in Augsburg vorgelegt.

Damals

Philipp Melanchthon - Brettens bedeutendster Sohn

Er ist als *Philipp Schwarzert* am 16. Februar 1497 in Bretten geboren. Durch seinen Vater, Rüstmeister am kurpfälzischen Hof, hatte er zeitlebens direkten Zugang zu seinem Landesherrn. Die Mutter, aus reicher Brettener Kaufmannsfamilie stammend und mit dem berühmten Humanisten Johannes Reuchlin verwandt, ermöglichte dem jungen Philipp das Aufwachsen in großbürgerlichem und humanistischem Geist. Er war noch ein Kind, als sich sein Großvater den Spaß erlaubte, den Jungen mit durchziehenden Studenten lateinisch disputieren zu lassen. Nach dem frühen Tod des Vaters kam er zur Reuchlinschen Verwandtschaft nach Pforzheim, wo er in der dortigen Lateinschule tief in den Geist des Humanismus geführt wurde und als weitere Sprachen Griechisch und Hebräisch erlernen konnte. Dort schenkte ihm ein Großonkel eine wertvolle griechische Grammatik und übersetzte nach damaligem Universitätsbrauch den Namen Schwarzert gräzisierend in Melanchthon = Schwarz+Erde. Eine spektakuläre Universitätslaufbahn lag vor dem jungen Philipp. Mit 17 Jahren war er bereits Professor an der Tübinger Universität. 1518 vermittelte ihm sein Onkel Johannes Reuchlin einen Lehrstuhl für Griechisch an der Universität zu Wittenberg. Dort lernte er den 14 Jahre älteren Martin Luther kennen, eine schicksalhafte Begegnung die ihn, aber auch die Geistesgeschichte Deutschlands und darüber hinaus wesentlich mitprägen sollte. Er wechselte zwar nie in die theologische Fakultät über, wie es sich Luther wünschte, sondern blieb der philologisch-philosophischen Fakultät treu. Aber gerade dadurch blieb die protestantisch-lutherische Theologie im Gespräch mit dem humanistischen Bildungsgut der Zeit. Andererseits wurde er zum wichtigsten Vertreter lutherischer Theologie und kirchlicher Reformpolitik, der Verfasser und Ratgeber bei Kirchenordnungen wurde, auch in seiner kurpfälzischen Heimat. Und er war es, der 1530 den geächteten Reformator Luther mit der *Confessio Augustana* (dem Augsburger Bekenntnis) auf dem Reichstag von Augsburg vertrat und damit die Grundlage für die reichsrechtliche Anerkennung der Reformation gelegt hat.

Zurecht hat der Bildhauer des Melanchthon-Denkmals in Bretten dem großen Sohn seiner Stadt gerade dieses Werk in die Hand gelegt.

Damals

Die Zerstörung Brettens im 17. Jahrhundert

Der 30jährige Krieg

Prag liegt für Bretten nicht gerade vor der Haustüre. Doch mit dem „Prager Fenstersturz“ kam 1618 eine Lawine ins Rollen, die schnell auch vor den Mauern Brettens nicht Halt machte. Immerhin hatten es die protestierenden Böhmen gewagt, ihrem König und amtierenden Kaiser in Wien die Türe zuzuschlagen und einem anderen die Krone Böhmens anzutragen, nämlich dem Kurfürsten Friedrich V. von der Pfalz. Das war Brettens Landesherr. Die Geschichtsbücher haben festgehalten: In der Schlacht am Weißen Berg wurde Friedrich, der „Winterkönig“ vom kaiserlichen Heer vernichtend besiegt, musste fliehen und mit ihm auch der kurfürstliche Hof in Heidelberg. So erreichte die politisch-militärische Lawine auch Bretten. Niemand kann die Einquartierungen zählen, die in den folgenden Jahrzehnten in Bretten und im ganzen Kraichgau den Menschen zugesetzt haben. Da war kein Unterschied zwischen den „Kaiserlichen“ und ihren protestantischen Gegnern. Die bunten Söldnertruppen, häufig brutalisierte Gestalten, hielten sich an der Bevölkerung in jeder Hinsicht schadlos. Und die Kriegsherrn pressten das Land mit astronomisch hohen Kriegssteuern aus. Dazu kam noch eine andere Belastung. Der Kaiser hatte die Kurpfalz den bayrischen Wittelsbachern zur Verwaltung übertragen. In Heidelberg amtierten jetzt Münchner Beamte. Und die kaiserliche Order lautete: Zurück zum Katholizismus. Bruchsaler Jesuiten verdrängten in Bretten die evangelischen Pfarrer. Über den Amtsschultheiß und seinen Stadtschreiber wurde allerdings in München Klage geführt, weil sie sich gegen die Rekatholisierung sperrig erwiesen. Auch besuchten viele Brettener die evangelischen Gottesdienste in der ritterschaftlichen oder württembergischen Nachbarschaft. Um ihren Widerstand zu brechen, übermalte man das am Kirchturm angebrachte Abbild „ihres Abgotts“ Philipp Melanchthon mit einem Marienbild. Mit „schwerem Seufzen und betrübten Augen“ beklagte sich die Bürgerschaft. Dennoch haben hier in vielen Kriegsjahren, abgesehen von der religiösen Intoleranz, fast normale Verhältnisse geherrscht. Doch das änderte sich. Mit dem Eintritt Schwedens und Frankreichs in den Krieg kam es zu neuen kriegerischen

Handlungen. Die Stadttore fielen, das Vieh wurde weggetrieben, Äcker nicht mehr bebaut. Die vom Hunger geschwächte Bevölkerung fiel Seuchen zum Opfer. Im August 1635 starben täglich bis zu 10 Menschen in der Stadt. Noch kurz vor dem Westfälischen Frieden hielten Franzosen die Stadt monatelang besetzt. Es heißt, die Stadt sei durch sie „auff das euserste ruiniert und verderbt worden“. Dann im Jahre 1648 erhielt Kurfürst Karl Ludwig, der Sohn des inzwischen verstorbenen Winterkönigs, seine rheinpfälzischen Lande und die Kurwürde zurück. Er verstand es, sein darniederliegendes Land in kurzer Zeit zu neuer Blüte zu bringen. Auch die Reformation kehrte ins Land und nach Bretten zurück.

Die Zerstörung Brettens am 13. August 1689

Es sollte nicht bei dieser aufblühenden Friedenszeit bleiben. Indirekt gab der pfälzische Kurfürst selbst den Anlass für den „pfälzischen Erbfolgekrieg“. Er verheiratete seine Tochter Lieselotte an den Bruder des Sonnenkönigs in Paris. Gegen den Wortlaut des Ehevertrags erhob Ludwig XIV. „im Namen seiner Schwägerin“ Anspruch auf Teile der Pfalz. Weil dieser Anspruch abgelehnt wurde, ließ er seine Truppen einmarschieren. Dic Reichstruppen stellten sich dem Eindringling entgegen, was ihn dazu veranlasste, was rcchts des Rheins erreichbar war „zu entfestigen und zu zerstören“: Verbrannte Erde! Damit war auch das Schicksal der Stadt Bretten besiegelt. Am 12. August ergab sich die Bevölkerung dem französischen Befehlshaber, der auch sofort die Bedingungen diktierte: 1. Stadt-Übergabe auf dem Marktplatz. 2. Das Leben der Bürger wird geschont. Dazu muss sich die Bevölkerung in die Kirche begeben. 3. Auf Befehl des französischen Königs muss die Stadt, wie zuvor Bruchsal, verbrannt werden. Am andern Morgen, es war ein Sonntag, hatten die Menschen die Stadt zu verlassen, wobei man ihre Taschen noch auf Wertsachen durchsuchte. Dann begann sofort das Zerstörungswerk. In noch nicht einmal 3 Stunden war alles vorbei. „Die Stadt war zu einem Stein-, Kohlen- und Aschehaufen geworden.“ Alte und Kranke, die nicht mehr in die Kirche hatten gehen können, kamen in den Flammen um. Wie durch ein Wunder blieb die Kirche verschont. Hier fand inmitten einer Trümmerlandschaft am Sonntag danach ein Gottesdienst statt. In einem zeitgenössischen Bericht ist zu lesen: *...es wurde das Evangelium Luc. 19 von der Zerstöhrung Jerusalem erkläret.*

Damals

Bretten im 18. Jahrhundert

Der Weg der kurpfälzischen Landstadt zur badischen Amtsstadt

Die „große Feuersbrunst“ von 1689 galt in Bretten als eine Zeitenwende. Immer wieder sprechen Urkunden von *vor* dem Brand und *nach* dem Brand. Es war ein schwieriger Wiederaufbau, der sich über Jahrzehnte hinzog. Ohne den Zuzug von Neubürgern, vor allem aus der Schweiz, wäre das gar nicht möglich gewesen. Interessant, dass man die Wiederbeschaffung der Glocken und der Uhr sehr rasch in Angriff nahm: Ganz wichtig war die Wiedergewinnung eines gemeinsamen Lebensrhythmus. Das alte Rathaus war mitsamt dem bedeutenden Archiv verbrannt. Jetzt wurde ein neues gebaut, die Rückkehr des nach Eppingen geflüchteten Oberamts wurde intensiv betrieben. Der Status einer „Amtsstadt“ musste zur Verteidigung der alten Stadtrechte rasch wieder hergestellt werden. Das war auch angebracht, denn die neue kurpfälzische Regierung nahm dem Zeitgeist folgend immer absolutistischere Züge an und überging immer häufiger die Mitwirkungsrechte von Gericht und Rat. Die Stadt nahm solche Eingriffe nicht widerspruchslos hin, wie sich bei der sogenannten „Anwaltsrebellion“ 1726/27 zeigte. Der Widerstand entzündete sich vor allem an dem landesherrlichen Bestreben, das Land und also auch Bretten so gut es ging zu rekatholisieren. (Die jetzt regierende kurfürstliche Linie von Pfalz-Neuburg war streng katholisch!) Zwar waren im Religionsedikt von 1685 neben den Reformierten künftig auch die Katholiken und die Lutheraner zu freier Religionsausübung berechtigt. Billiger war in dieser Zeit eine Rehabilitierung des Katholizismus nicht mehr zu haben. Insofern kam dieses Edikt auch den Lutheranern zugute, die in Bretten immerhin die deutliche Mehrheit stellten. Die Lutheraner konnten die Kreuzkirche bauen, den Katholiken wurde der Chorraum der Stadtkirche zugewiesen. Er war durch eine Mauer vom Kirchenschiff der Reformierten abgetrennt. Es war ein spannender Lernprozess, einen religiösen Pluralismus im Alltag zu leben. Inzwischen gab es auch eine wachsende jüdische Gemeinde, die unter dem Schutz des Landesherrn stand. Gleichwohl liest man häufig von Klagen. Viele Brettener fühlten sich durch den kaufmännischen Erfolg vieler Juden in ihrer Existenz bedroht. Die Stadtgeschichte Brettens hebt für diese Zeit besonders hervor: „Die Konfessionalisierung des städtischen Lebens ist im 18. Jh. durch die landesherrliche Politik der Rekatholisierung nur verstärkt worden...eine Konsequenz: Die Erinnerung an Philipp Melanchthon, an den Humanisten und Reformator, als den größten Sohn der Stadt, wie er dann im 19. Jh. endlich gefeiert werden kann, ist im 18. Jh. überhaupt kein städtisches Thema!“

Mit dem Frieden von Luneville wurde die Landkarte Deutschlands verändert. Napoleontreue Fürsten sollten für den Verlust linksrheinischer Gebiete (die für Frankreich reklamiert wurden) entschädigt werden. Nach mehr als 450 Jahren Zugehörigkeit zur Kurpfalz (1349 hatten die Ebersteiner Grafen Bretten an die Kurpfalz verkauft) wurde Stadt und Oberamt Bretten der Markgrafschaft Baden zugeschlagen. Der badische Kommissar stellte nach dem Vollzug fest, dass die „Occupation gänzlich mit größter Ordnung“ beendet worden sei.

Zur Erinnerung an die alte Zugehörigkeit zur Kurpfalz blieb der *Wittelsbacher Rautenschild*“ in Stadtsiegel und Wappen.

(10) Bretten, das Melanchthonhaus, Ansicht von der Stadtkirche

Damals

Bretten im 19. Jahrhundert
eine Stadt öffnet sich für die Zukunft

Nach dem Ende der napoleonischen Herrschaft und der Gründung des Deutschen Bundes kehrte endlich eine lange Friedenszeit in den gemarterten deutschen Landen ein. In dieser Epoche, in der ja auch ein starker Bevölkerungszuwachs einsetzte, wurden überall die Befestigungsanlagen als überflüssig und einengend empfunden. So hat man sie nach und nach entfernt. 1812 wurde als erster Torturm das *Salzhofer*- oder *Untertor* abgerissen. Das *Weißhofer*- oder *Obertor*, zuletzt als Gefängnis genutzt, fiel 1824 und schließlich 1833 auch das *Gottesackertor.* So wurde Bretten zu einer offenen Stadt. Erhalten geblieben sind die Mauertürme des *Simmel*-und des *Pfeiferturms*. Und weil man sie heute nicht mehr als störenden Rest einer vergangenen Zeit sieht, sondern vielmehr als Zeugen einer wichtigen Vergangenheit, werden sie instand gehalten und für die Zukunft bewahrt.

In Bretten war und blieb auch in Badener Zeit das Bezirksamt für schließlich 23 Gemeinden. Diese administrative Mittelpunktfunktion ließ natürlich alle städtischen Vorkommnisse wie in einem Brennspiegel besonders interessant und wichtig erscheinen. So wird Mitte des 19. Jhs. die politische Stimmung in der Bürgerschaft als schlecht und aufmüpfig empfunden, was sich in Zeiten der 1848/49er Revolution auch spannungsgeladen äußerte. Das alte Bretten als Landstadt und Marktort, in welchem jeder sein Auskommen und seine Versorgung hatte, öffnete sich eben nicht nur, sondern war auch offen für Zuwanderung. Massive Auswanderungen, auch wenn es dafür unterschiedliche Gründe gab, waren ein Zeichen dafür, dass es eng geworden war in der Heimat. Der Protest gegen wohlhabende Juden, denen nun nicht nur Bürgerrechte verliehen wurden, sondern auch die damit verbundenen Sozialleistungen aus dem Stadtwald und dem Spital, macht ebenfalls deutlich, dass der „Kuchen nicht mehr für alle reichte“. Es musste etwas geschehen. Das spürten und erwarteten auch die Brettener Bürger, die die revolutionäre Bewegung im Großherzogtum Baden durch Gründung eines „Volksvereins“ unterstützten. Freiheitsbäume wurden nach französischem Vorbild aufgestellt und flammende Reden gehalten. Das provozierte allerdings die

Damals

Konservativen zur Gründung eines „Vaterländischen (Gegen-)Vereins". Die Revolution wurde schließlich durch die Großereignisse im Land beendet: Der Großherzog hatte die Reichsarmee gerufen, welche bald mit den Revolutionstruppen und Freischaren fertig wurde. Republikanische Ideen waren so ein weiteres Mal niedergedrückt worden. Es sollte noch ein ganzes Jahrhundert dauern, bis sich in Deutschland eine republikanische Verfassung dauerhaft durchsetzen konnte. Damals siegten die restaurativen Kräfte. 1851 äußerte sich der Brettener Oberamtmann über die „democratische Partey" und deren „meist ganz verruchten Mitglieder", wobei er überzeugt war, dass „der Radicalismus in hiesiger Stadt... an Bedeutung und Einfluß verliere". Entscheidend für die weitere Entwicklung der Stadt war die *Eisenbahn*. Die politische und wirtschaftliche Bedeutung Brettens im Mittelalter verdankte es seiner verkehrstechnischen Einbindung in das damalige *Fernstraßen*netz. Mit zähen Verhandlungen und dem Glück der Tüchtigen gelang es nun, Bretten in das entstehende *Eisenbahn*netz nicht nur einzubinden, sondern es sogar wieder wie einst zu einem europäischen Knotenpunkt werden zu lassen. Die Teilnahme an der vielerorts beginnenden Industrialisierung wäre ohne die Eisenbahn nicht möglich gewesen. Kühlapparate für Brauereien und Herde waren bald Produkte, bei denen man an Bretten dachte. Aber auch der Holzhandel und die Verpackungsindustrie (besonders für die Kaffeemittelfirma Frank, die in Bretten eine Zichoriendarre betrieb) brachten Arbeitsplätze - und Gewerbesteuer in die Stadtkasse. Nicht zu vergessen ist der Viehmarkt Brettens, der durch die Eisenbahn zu einem überregionalen, ja europäischen Faktor geworden war. Besonders in diesem Bereich hatten sich die jüdischen Mitbürger hervorgetan. Mit dem Nationalsozialismus kam nicht nur die Vernichtung dieses wichtigen Wirtschaftszweiges, nicht nur die Vernichtung der Synagoge am Engelsberg, sondern auch die Vernichtung der israelitischen Gemeinde, deren Mitglieder ausgewandert oder in den Vernichtungslagern umgekommen sind. Wie durch ein Wunder blieb dem Eisenbahnknotenpunkt Bretten das Bombenschicksal seiner Nachbarstädte Pforzheim, Bruchsal und Karlsruhe erspart. Es war ein hoffnungsvoller Tag, als 1945 die badische evangelische Landessynode auf ihrer konstituierenden Sitzung im Melanchthon-Haus die berühmte *Stuttgarter Schulderklärung* unterzeichnete, in der eine Mitschuld an den Nazi-Verbrechen bekannt wurde: Öffnung für die Zukunft.

Damals

Stadt Bretten:

(11) Bretten. AmMarktplatz steht das alte Gasthaus „Krone“, welches in der mittelalterlichen Geschichte der Stadt immer wieder eine bedeutende Rolle gespielt hat.

Damals

Schöne alte Häuser

(12) Auf der linken Bildseite: Das alte Rathaus. Blick zum Marktplatz

Damals

Die 9 Stadtteile der Großen Kreisstadt Bretten

Die in den 70er Jahren des 20. Jahrhunderts beginnende Verwaltungs- und Gemeindegebietsreform brachte auch Bretten einschneidende Veränderungen. Sie brachte die ehemalige kurpfälzische und später badische Amtsstadt auf den Weg zur baden-württembergischen Großen Kreisstadt. Durch die Eingemeindung von 9 ursprünglich selbständigen Gemeinden wurde die nunmehrige Kernstadt Bretten mit ihrem Umfeld verbunden. Alle diese heutigen Stadtteile haben ihre eigene reiche Geschichte.

Bauerbach

Die sehr frühe Ersterwähnung im Jahre 778 weist *villa Burach* als eine der fränkischen Ausbausiedlungen in der „Urmark" Bretten aus. 1305 erscheint der Ort als Reichsbesitz, welchen der Kaiser als „Sein und des Reiches Dorf Burbach" bezeichnet. Als Lehen erhielt Bauerbach im Mittelalter immer wieder neue Besitzer. Über das Kloster Hirsau kam Bauerbach 1511 zum Bistum Speyer. 300 Jahre verblieb der Ort von nun an beim Hochstift Speyer, was auch seinen konfessionellen Charakter geprägt hat. Zu den Sehenswürdigkeiten gehört das Rathaus aus dem Jahre 1585.

Büchig

Erste Nennung von *Buche* in einer Urkunde von 1298. Als Lehensherren treten zuerst die Grafen von Eberstein, später das Hochstift Speyer in Erscheinung, die den Ort immer als Lehen vergeben haben. Der Name bedeutet „Buchenwald" oder einfach „Wald".

Diedelsheim

In der Schreibweise *Ditinesheim* erfahren wir 767 im Lorscher Codex erstmals von der Existenz des Ortes. Bodenfunde zeigen jedoch an, dass die Besiedlungsgeschichte von der Jungsteinzeit über die Bronzezeit bis zu den Römern auf der Ortsmarkung nachgewiesen werden kann. Die Ortsgründung geht auf die fränkische Landnahme im 5. Jahrhundert zurück. Unter den wechselnden Ortsherrschaften am beständigsten war das

Geschlecht der Kechler von Schwandorf. Ihr Schloss ist erhalten geblieben. Um 1750 verkauften sie die Herrschaft an die Pfalz. Mit den rechtsrheinischen Gebieten der Pfalz kam der Ort 1803 zu Baden.

Dürrenbüchig

Der Ort, erstmals 1335 als *Minor-Buch* („Klein-Büchig") erwähnt, scheint im 17. Jahrhundert in den Franzosenkriegen untergegangen zu sein. Erst im 18. Jh. kommt es zu einer Neubesiedlung, in der sich der Markgraf von Baden und der Fürstbischof von Speyer um die Ortshoheit streiten. Mit der Entscheidung zugunsten von Baden wird der Ort dem Amt Bretten zugeordnet.

Gölshausen

Geltolfeshusen, so wird der Ort in einer Urkunde des Klosters Weißenburg im 8. Jh. genannt, war also ursprünglich als „das Hausen des Geltolf" von einem fränkischen Adeligen gegründet worden. Durch fromme Schenkungen hatten hier viele Klöster Besitz, doch die Ortsherrschaft übten die Kurfürsten von der Pfalz aus. Über die Pfalz kam der Ort bei der Neuverteilung 1803 zu Baden.

Neibsheim,

ursprünglich *Nichbodesheim,* war ebenfalls eine fränkische Gründung. Ein Ortsadel gleichen Namens hatte hier im Mittelalter 2 Burgen. Die Ortsherrschaft übte allerdings bis 1803 das Hochstift Speyer aus. Dann wurde Neibsheim badisch.

Rinklingen

Die Geschichte des Orts (768 urkundlich als *Richilineheim*) ist eng mit Bretten verbunden. 1504 unterstützen Rinklinger die Belagerten in Bretten. Und als Bretten in Schutt und Asche gelegt wurde, verbrannten dort auch die Rinklinger Archivbestände. Auch von den Einquartierungen und kriegerischen Drangsalen wurden sie niemals verschont.

Ruit und Sprantal

Beide Orte gehören einer fränkischen Ausbau- und Rodungsphase an. Ruit wurde Maulbronner Klosterbesitz und kam in der Reformationszeit zu Württemberg, während sich in Sprantal nach erheblichen Streitigkeiten die Kurpfalz durchsetzte. 1803 wurden beide Orte badisch.

Wolfmüller Spedition GmbH & Co. KG

Gibt's nicht - geht nicht!

Gewerbestraße 60/2, Bretten-Gölshausen

Bereits seit 1927 steht der Name Wolfmüller Spedition für Kompetenz, Unabhängigkeit, Mobilität und Qualität. Mit den Kernaktivitäten in den Segmenten Stückgut-, Teil- und Komplettverkehr, Kurierfahrten und Logistikmanagement gehört die Spedition zu den regional führenden Anbietern von ganzheitlichen Transportlösungen.

1929 kamen die ersten Planen-Hänger-Züge zum Einsatz

1927 gründete Fritz Wolfmüller die gleichnamige Firma Fritz Wolfmüller in der Wilhelmstraße in Bretten. Das erste Firmenfahrzeug war ein Büssing-Kipper, mit dem er alle anfallenden Transportaufträge zunächst alleine erledigte. Sodann wuchs die Anzahl an Mitarbeitern und Fahrzeugen stetig und schon 1929 kamen die ersten Planen-Hänger-Züge zum Einsatz.

Das erste Firmenfahrzeug: Ein Büssing-Kipper

Während des 2. Weltkrieges wurden die Fahrzeuge für militärische Zwecke geordert. Nach Kriegsende war ein kompletter Neuaufbau des Betriebes notwendig. Es wurden fünf Planen-Hänger-Züge beschafft und namhafte Kunden in der Region gewonnen, für welche die Spedition Wolfmüller heute noch größtenteils tätig ist.

1967 wurde das Unternehmen auf Rentenbasis an die Familie Haug aus Stuttgart verkauft, die damals zum Ziel hatte, nur die Konzession für den Nahverkehr zu erweitern. Dennoch konnten die Geschäfte am Standort Bretten verstärkt ausgebaut werden, so dass im Laufe der Zeit die vorhandenen Räumlichkeiten und Flächen zu klein wurden.

1989 wurde ein neues, größeres Speditionsareal in der Ruiter Straße 21 in Bretten erworben, welches 1990 bezogen wurde. Von da an expandierte die Firma Wolfmüller kontinuierlich, so dass ihren Kunden auch logistische Dienstleistungen und Lagerfläche angeboten werden konnte.

1992 fielen die Speditionstarife weg.

Durch den weiteren Wachstum mussten relativ schnell mehrere und größere Lagerflächen angemietet werden, da ihre Kunden auf Outsourcing setzten.

2005 wurde die Einzelfirma Fritz Wolfmüller e.K. in Wolfmüller Spedition GmbH & Co. KG umfirmiert.

Selbstverständlich verfügt das Unternehmen über einen modernen, großzügig ausgestatteten Fuhrpark, dessen Fahrzeuge alle frühzeitig und regelmäßig gewartet werden, damit alle Güter pünktlich und zuverlässig am Bestimmungsort ankommen. Zum Thema Umweltschutz setzt die Firma Wolfmüller auf schadstoffarme, moderne Fahrzeugtechnik und gut geschultes Fahrpersonal. Dank der modernen IT-Strukturen ist man in der Lage, sämtliche Prozesse mittels stets aktueller Dispositionstechnologie und GPS-Ausrüstung zu optimieren.

Bis Mitte 2010 bewältigte die Firma Wolfmüller alle logistischen Herausforderungen und

Ansprüche ihrer Kunden an vier verschiedenen Standorten in Bretten. Doch schnell wurde erkannt, dass durch die verschiedenen Standorte viel Personal und viel Equipment wie Stapler und Regalanlagen sowie eine Vergrößerung des Fuhrparks erforderlich waren. Um wettbewerbsfähig bleiben zu können, musste schnell eine praktikable und unkomplizierte Lösung gefunden werden, um dem hohen Kostendruck entgegenzuwirken. So entschloss man sich im Jahr 2008, eine neue Logistikanlage zu planen und zu realisieren, die für die Logistikprozesse des Unternehmens hochflexibel und professionell ausgelegt wurde.

In 2009 startete man dann mit der Umsetzung des heutigen Neubaus der Spedition Wolfmüller im Gewerbegebiet Bretten-Gölshausen auf einem Areal mit 17.000 m². Hier wurden Spedition und Logistik wieder unter ein Dach gebracht.

Zum 01. Juli 2010 war schließlich der Umzug in die moderne Anlage vollzogen und der Bereich Logistik wurde auch rechtlich durch die Neugründung der Wolfmüller Logistics Solutions GmbH & Co. KG hinterlegt.

Im neuen Multi-User-Center konnte die Firma Wolfmüller bis heute mehr als 20 verschiedene Kunden unterschiedlichster Branchen gewinnen. Sie bietet ihren Kunden einen erstklassigen Full-Service aus einer Hand, 365 Tage im Jahr - 24 Stunden am Tag.

Die Geschäftsfelder Kontraktlogistik, Beschaffungslogistik, Supply Chain Management sowie Value Added Services werden von den Kunden gerne ange-

Das Hochregallager mit knapp 7.000 Palettenstellplätzen

nommen, da jedes Konzept flexibel und speziell auf ihre Anforderungen maßgeschneidert wird. Egal, was immer die logistische Zielsetzung des Kunden ist: Ob Stückguttransporte, Teil- und Komplettladungsverkehre, Eilservice, Lagerhaltung oder Beschaffungslogistik - Firma Wolfmüller macht es möglich und bietet alle Möglichkeiten, um die Herausforderungen der Kunden individuell, schnell und unkompliziert zu lösen. Deutschlandweit, Europaweit, Weltweit. Vom Einzelprojekt bis hin zum Outsourcing von seinen Logistikaktivitäten.

Das Hochregallager erstreckt sich auf eine Kapazität von knapp 7.000 Palettenstellplätzen. Auf einer ca. 500 m² großen Fläche finden die Kommissionierung und das Qualitätsmanagement statt.

Heute beschäftigt das inhabergeführte Familienunternehmen 30 qualifizierte und erfahrene Mitarbeiter, die jederzeit und auf eigenen Wunsch permanent weitergebildet werden. Seit Jahren werden in den Bereichen Spedition- und Logistikdienstleistungen, Fachkräfte für Lagerlogistik sowie Berufskraftfahrer ausgebildet, die in der Regel nach der Ausbildung übernommen werden.

Als konzernunabhängiges, mittelständisches Unternehmen reagiert die Wolfmüller-Gruppe besonders schnell und flexibel auf individuelle logistische Situationen. Flache Hierarchien, exzellentes Branchen Know-how und langjährige Markterfahrung sorgen für beste Ergebnisse in allen Geschäftsbereichen.

Die Nachhaltigkeit des Erfolges der Wolfmüller-Gruppe ist die Grundlage ihrer langjährigen Kundenbeziehungen. Das Unternehmen zeichnet sich besonders aus durch seine Leidenschaft für durchdachte logische Abläufe, die helfen, Warenströme sicher, effizient, zukunfts- und terminrecht zu gestalten.

Erfahren Sie mehr Wissenswertes und Informatives unter:

www.wolfmueller-gruppe.de

Was immer die logistische Zielsetzung des Kunden ist: Firma Wolfmüller macht es möglich!

Firma Zuber

Berufsbekleidung • Textilveredelung

Gewerbestraße 20, Bretten-Gölshausen

Rüdiger Zuber und seine Frau machen keine halben Sachen!

Rüdiger Zuber und seine Frau gründeten das Unternehmen am 02.05.2002 in Bretten. In der Garage und im Keller ihres Wohnhauses vertrieben sie zunächst nebenerwerblich Sicherheitsschuhe sowie Gesundheitsschuhe von Birkenstock. Bereits im ersten Jahr konnten sie über 1.000 Paar im Umkreis von 300 Kilometern verkaufen. Einige Kunden sprachen sie wiederholt an, ob sie nicht auch Arbeitskleidung liefern könnten. Diesen Wunsch setzten sie zukunftsorientiert um und erweiterten das Lieferprogramm um Arbeits- und Oberbekleidung, die mit gestickten Logos versehen werden konnte. Diese Stickereien fertigten sie aber noch nicht selbst. Wegen der langen Lieferzeiten der Stickereien investierten sie schließlich in einen Plotter, eine Patchpresse und zwei Einkopfstickmaschinen und brachten die Logos nun selbst auf.

Im Laufe der Zeit wurden die vorhandenen Räumlichkeiten zu eng und so erfolgte am 01.01.2007 mit bereits vier Mitarbeitern der Umzug in ein Gewerbeobjekt in Bretten. Seit dem 01.10.2007 führt das Ehepaar Zuber das Unternehmen, das ein anerkannter Ausbildungsbetrieb ist, erfolgreich hauptberuflich und beschäftigt acht qualifizierte Mitarbeiter.

Am 01.07.2008 bezog die Firma am jetzigen Standort im Industriegebiet Bretten-Gölshausen ein neues Gebäude mit großzügigen Produktions-, Büro- und Verkaufsräumen. Für den modernen Maschinenpark wurden mit dem Umzug zwei weitere Einkopfstickmaschinen sowie 2009 ein Digitaldrucker angeschafft.

Heute reicht das vielfältige Leistungsangebot von Sicherheitsschuhen und Arbeitskleidung über Blusen, Hemden und T-Shirts bis hin zu Hosen, Jacken sowie Babybekleidung und Sportbekleidung und -unterwäsche. Abgerundet wird das Programm durch Caps, Mützen, aber auch Werbe- und Fanartikel. Ganz nach Kundenwünschen wird jedes Produkt mit gedruckten oder gestickten Schriftzügen und Logos in erstklassigem Design veredelt. Feine Embleme für edle Kleidungsstücke, für welche die Stickmaschinen zu grob sind, werden von einem zuverlässigen europäischen Partner gewebt.

So hat die Firma Zuber nicht nur einen guten Ruf im gewerblichen und öffentlichen Bereich, sondern auch bei zahlreichen privaten Kunden und Vereinen wie der „Deutscher Ringer-Bund". Im März 2011 wurde die Europameisterschaft im Ringen in der Dortmunder Westfalenhalle komplett von der Firma Zuber mit Fanartikeln ausgestattet. Aber auch Top-Triathleten und Fußballvereine aus der 1. Liga gehören zu ihren überzeugten Kunden. Ein Verkaufshit waren bedruckte Fußbälle anlässlich der WM 2006. Privatkunden können sich gerne vor Ort beraten lassen. Dabei hat das Unternehmerpaar Zuber das Motto: „Ab einem Stück ist alles möglich - halbe Sachen machen wir nicht!". Ein besonderer Service sind ihre verschiedenen kostenlosen, vereinseigenen Webshops, in denen sich die Fans ihre Artikel direkt bestellen können.

Rüdiger Zuber und seine Frau, ohne die der Aufbau des erfolgreichen Unternehmens nicht möglich gewesen wäre, sind begeisterte Läufer und auch sonst sportlich sehr aktiv. Durch ihre besondere Nähe zum Sport sponsern sie viel für verschiedene Vereine.

zuber

einfach. mehr...

www.zuber-bretten.de

Damals

Der Spiegler

Ich mach das helle Spiegelglas
Mit Brey ich's unterziehen laß
Und drehe darnach die Hültzen Scheiben
Darinn die Spiegelgläser bleibn
Die mal ich denn mit Farben frey
Feuerspiegel mach ich darbey
Darinnen das Angesicht groß erschein
Dass man's siecht eigentlich und fein.

Damals

Bruchsal

Kunde aus der Vorgeschichte

Es wird erzählt, dass im Oktober 1884 der pensionierte Oberst August von Cohausen über den Michaelsberg bei Untergrombach wanderte; und weil er ein großes Interesse an der Altertumsforschung hatte und einen aufmerksamen Blick, fielen ihm dort einige offensichtlich sehr alten Keramikscherben auf, die er mitnahm. Zwar hielt er diese für „an sich wertlos“, aber er brachte sie dennoch nach Karlsruhe. In Erinnerung daran wurden wenige Jahre später auf dem Michaelsberg archäologische Grabungen durchgeführt. Dabei fand man nicht nur weitere uralte Scherben, sondern man stieß zur großen Überraschung nicht nur für den Herrn von Cohausen auf die Spuren einer jungsteinzeitlichen Kultur, die seither unbekannt war. Sie trägt in der Wissenschaft nach ihrem ersten Fundort die Bezeichnung *„Michelsberger“*, die inzwischen für die Zeit um 4000 vor Chr. im Großraum Westfrankreich bis Mitteldeutschland nachweisbar ist.

In der Epoche der Jungsteinzeit war die Zeit der „Jäger und Sammlerinnen“ zu Ende gegangen. Die Menschen wurden sesshaft, bauten Häuser, betrieben Ackerbau und Viehzucht und zeichneten sich vor allem durch einen völlig neuartigen Werkstoff aus, gebrannten Ton: Keramik. Und in den Formen und Verzierungen ihrer Töpfe und Becher lassen sich die verschieden Kulturen gut unterscheiden. Die Michelsberger zeichnet sich besonders aus durch ihre schmucklose *Tulpenform*. Und weil die Bauern der Jungsteinzeit ihren Wohnsitz nach der Güte der Bodenbeschaffenheit auswählten, ist zu erkennen, dass der Bruchsaler Raum und der vordere Kraichgau offensichtlich attraktive Lebensbedingungen bot.

Auf dem Michaelsberg brachten die Ausgrabungen aber nicht nur Tonwaren zutage. Interessant sind auch die sogenannten „Erdwerke“, großräumige Areale, die mit Wall und Graben umgeben worden waren. Wahrscheinlich dienten diese dem Schutz der Siedler, woraus mindestens zweierlei Rückschlüsse gezogen worden sind. Einmal bedeutet ein solches Werk, dass diese frühen Menschen zu „Gemeinschaftsleistungen“ fähig wa-

(13) Tulpenbecher der Michelsberger Kultur. (Bruchsal, Museum)

ren, zum andern muss man annehmen, dass es nicht nur friedlich zuging in einer Zeit, in der Wehranlagen offenbar erforderlich waren.

Nach dem Ende dieser jungsteinzeitlichen Epoche sind Funde späterer Besiedlungen in diesem Raum für lange Zeit unbekannt. Erst mit der späten Bronze- und der keltischen Eisenzeit bringen Bodenfunde wieder Licht ins Dunkel der Vergangenheit.

Meisel Karosseriebau

Inhaber Alfred Meisel
John-Deere-Straße 1b, Bruchsal

Ist Ihr Fahrzeug beschädigt oder hatten Sie einen Unfall? Dann sind Sie beim Karosseriefachbetrieb Meisel in Bruchsal an der richtigen Adresse. Inhaber Alfred Meisel und sein erfahrenes Mitarbeiterteam sorgen mit ihrem Leistungspaket dafür, dass Ihr Fahrzeug professionell wieder instandgesetzt wird.

Alfred Meisel und sein erfahrenes Team sind spezialisiert auf die liebevolle Restaurierung von Oldtimern
Tatra 87, Baujahr 1930er Jahre, frisch restauriert

Sie haben aber auch ein ganz besonderes Händchen und das entsprechende Know-how für die professionelle Restaurierung von Oldtimern. Mit viel Liebe zum Detail lassen die Spezialisten Ihr Schmuckstück in neuem Glanz erstrahlen.

Alfred Meisel, Gründer des jungen Unternehmens, war schon immer technisch sehr interessiert und hatte eine große Vorliebe für Autos. Nach seiner Ausbildung zum Metallfachwerker machte er eine Umschulung zum Karosserie- und Fahrzeugbauer. Anschließend besuchte er ehrgeizig die Meisterschule und absolvierte im Jahr 2001 erfolgreich seinen Meisterbrief.

Sein Beruf machte ihm viel Spaß und im Laufe der Zeit entstand in ihm der Wunsch, eigene Ideen unabhängig umsetzen zu können. So wagte er schließlich den Sprung in die Selbstständigkeit und gründete am 03. März 2003 die Firma Meisel Karosseriebau am heutigen Standort in der John-Deere-Straße1b am Ortsrand von Bruchsal in der Nähe der B35 und der A5.

In den Anfangszeiten erledigte Alfred Meisel unermüdlich alle anfallenden Aufträge alleine. Schnell gelang es ihm, sich mit Professionalität und Pünktlichkeit einen guten Namen zu machen und nach und nach immer mehr Privatkunden, aber auch Autohäuser im Großraum Bruchsal, von seiner fachkundigen Arbeit zu überzeugen. Bereits im Jahr 2005 bildete er seinen ersten Lehrling aus und beschäftigte 2006 den ersten Gesellen. Heute besteht sein kompetentes Team aus zwei engagierten Mitarbeitern und einem Auszubildenden.

Der Karosseriefachbetrieb Meisel ist Mitglied im Zentralverband der Karosserie- und Fahrzeugbauerinnung (ZKF) und seit 2005 ist Alfred Meisel Mitglied im Gesellenprüfungsausschuss.

Alfred Meisel und seine qualifizierten Profis bieten ein breitgefächertes Leistungsspektrum:

Karosseriebau:

Im Bereich Karosseriebau beseitigen sie am Fahrzeug Korrosionsschäden und führen eine Konservierung durch, um das Fahrzeug dauerhaft vor neuen Schäden zu schützen. Zur Vor-

Mercedes-Benz 220SEB, Baujahr 1965, frisch restauriert

beugung gegen Korrosionsschäden empfehlen sie, eine Versiegelung von Unterboden und Hohlräumen vornehmen zu lassen.

Als weitere Leistungen bieten sie professionelle Oldtimer-Restaurierungen, Anfertigungen oder Montage von Zubehörteilen wie zum Beispiel von Spoilern und eine umfassende Fahrzeugaufbereitung.

Unfallinstandsetzungen:

Eine ihrer Hauptaufgaben ist die Instandsetzung von unfallbeschädigten Fahrzeugen, von der kleinen Beule bis hin zum Rahmenschaden. Das Unfallfahrzeug wird technisch und optisch in einen einwandfreien Zustand versetzt.

Bei einem Unfall übernehmen sie ebenso gerne die komplette Schadensabwicklung im Rahmen der gesetzlichen Möglichkeiten, inklusive Absprachen mit der Versicherung und anderen Beteiligten. Selbstverständlich wird dem Kunden ein Ersatzwagen zur Verfügung gestellt.

Kunststoffreparaturen:

Mit ihrem speziellen Kunststoff-Reparatursystem ist es ihnen möglich, Schäden an Kunststoffteilen am Außenbereich eines Fahrzeuges fachgerecht zu reparieren. Hierzu zählen zum Beispiel Stoßfänger und Stoßfängerblenden, aber auch Scheinwerfergehäuse. Je nach Größe des Schadens kann somit ein Austausch durch Neuteile vermieden werden, wodurch der Kunde bares Geld sparen kann.

Glasschäden/-reparaturen:

Seit Januar 2009 ist der Karosseriefachbetrieb Meisel Partner im Verbund von KS Autoglas. Als KS Autoglaszentrum Bruchsal verfügen Alfred Meisel und seine Profis über die führenden Autoglas-Systeme in Deutschland.

Mit ihrem Glasreparatursystem können Steinschlagschäden an Frontscheiben instandgesetzt werden, ohne dass die Scheibe erneuert werden muss. Aber auch beim Scheibentausch bzw. bei größeren Schäden sind sie die richtigen Spezialisten. Die für den Scheibentausch verwendeten Materialien sind selbstverständlich durch die Fahrzeughersteller freigegeben.

Fahrzeuglackierungen:

Bei Lackierungen von Fahrzeugen und Fahrzeugteilen arbeiten sie mit einem kompetenten und renommierten Fahrzeuglackierungs-Fachbetrieb zusammen. Dieser Partner garantiert einwandfreie Qualität, die ihren eigenen Ansprüchen und denen des Kunden gerecht wird.

Anhängervertrieb und -service:

Oberstes Gebot ist hierbei die Umsetzung der individuellen Kundenwünsche und technischen Anforderungen. Alle Anhänger aus dem Sortiment werden in einem renommierten Familienbetrieb in Süddeutschland gefertigt, bei dem die Qualität an oberster Stelle steht. Zuverlässigkeit und Langlebigkeit zeichnen diese Produkte aus.

Professionalität, bester Service, persönliche und kompetente Beratung sowie große Kundenfreundlichkeit sind die Markenzeichen des Hauses Meisel. Hier wird auf jeden Kunden und seine Wünsche individuell eingegangen und die für ihn optimale Lösung in bester Qualität zu fairen Preisen gefunden.

Bei Alfred Meisel und seinen motivierten Mitarbeitern hat die Kundenzufriedenheit erste Priorität. Deswegen geben sie täglich ihr Bestes, um den Service kontinuierlich weiter zu verbessern, stets auf dem aktuellsten Stand der Technik zu sein, neueste Verfahren bei Unfallreparaturen anzuwenden und beste Qualität zu fairen Preisen anbieten zu können.

MEISEL
KAROSSERIEBAU

www.meikar.de

Damals

Zeit der Römer

Um die Zeitenwende kamen die Römer ins Land, die sich seit der Eroberung Galliens unter Caesar schon auf der linksrheinischen Seite festgesetzt und einige städtische Stützpunkte eingerichtet hatten. Verbindungsstraßen etwa zwischen den Städten Straßburg (Argentorate) und Mainz (Moguntiacum) wurden nun auch rechtsrheinisch angelegt. Im Großraum Bruchsal kreuzte eine West-Ost-Verbindung zu den Kastellen in Cannstatt und der Donau. Wie immer an solchen Straßenkreuzungen entstand hier eine Siedlung, deren Überreste allerdings nicht direkt im Stadtgebiet des heutigen Bruchsal gefunden wurden, sondern weiter nördlich in Stettfeld. In diesem Ortsteil von Ubstadt-Weiher befindet sich deshalb auch ein weithin beachtetes Römermuseum. Dennoch muss die Frage erlaubt sein, warum Stettfeld und nicht Bruchsal, oder anders gefragt, warum befand sich diese wichtige römische Fernstraßenkreuzung nicht dort, wo das Saalbachtal in die Rheinebene mündet, also dort, wo sich später die Stadt Bruchsal entwickelt hat? Die Antwort kann nur lauten: Weil sich hier einst ein großes Sumpfgebiet ausbreitete, zogen die Römer die Mühsal vor, ihre Verbindungswege durch das Strohgäu zu nehmen. So gab es hier schon einmal vor zwei Jahrtausenden einen zentralen Ort, der mit etwa 1000 Einwohnern eine beachtliche Größe und Bedeutung hatte.

Zeit der Alamannen

Gut eineinhalb Jahrhunderte bis um die Mitte des 3. Jh. lebten und arbeiteten hier die Römer. Manches, was in späterer Zeit wichtig geworden ist für diese Region, geht auf die römische Siedlungszeit zurück, zum Beispiel der Weinbau. Doch dann kam die Zeit, wo sie das Zepter abgeben mussten. Lange schon hatten germanische Stämme die römischen Grenzen, den Limes, bedrängt; trotz allen Widerstands, trotz aller Kooperationsversuche musste sich die römische Herrschaft über den Rhein zurückziehen. Die Germanen rückten nach. Einem römischen Schriftsteller verdanken wir die Bezeichnung „Alamannen“, bei der an ein lockeres Bündnis aus mehreren germanischen Stammesverbänden zu denken ist. Für die Bruchsaler Geschichte von Bedeutung: Alamannen ließen sich nicht im ehemaligen römischen „Stettfeld“ nieder, sondern am Ort des späteren Bruchsal.

Damals

Wir kennen den Grund für diese Ortsgründung nicht. Es fällt aber auf, dass die neuen alamannischen Herren nicht einfach in die römischen Siedlungen und Infrastrukturen einzogen, sondern Neues bevorzugten. Bei Bruchsal wurde ein alamannisches Gräberfeld gefunden. Aus der reichen Ausstattung der Gräber kann geschlossen werden, dass die hier beerdigten Menschen einer sozialen Elite angehörten. Die neue Siedlung, (die Wurzeln der Bruchsaler Stadtgeschichte) machte sich auf, eine zentrale Bedeutung für die Region zu übernehmen.

Zeit der Franken

Im Jahre 496 wurden die Alamannen in einer Entscheidungsschlacht bei Zülpich von den Franken geschlagen. Sie waren nun die neuen Herren auch in Süddeutschland. Archäologen stellen fest, dass die Belegung des alamannischen Gräberfelds nördlich von Bruchsal plötzlich abbrach. Hingegen siedelten nun Franken auf den Höhen über dem südlichen Saalbachufer. Wahrscheinlich wurde an der Stelle der späteren Peterskirche ein erstes fränkisches Kirchlein errichtet, denn mit den Franken und ihrem König Chlodwig kam die Christianisierung.

(14) Bruchsal. Hoch oben am ehemaligen Bergfried entdeckt man die Steintafel des Bischof Gerhard von Ehrenberg.

Damals

Der Kaufmann

Durch die Kaufmannschaft wird das Reisen befördert, unzehliche Menschen ernehret, Magazienen mit gebührendem Vorrath versehen, die Policen beführdert, der Müßiggang gemindert, die Tugenden fortgepflanzet und manigfaltiger Seegen, als durch ein reiches Füllhorn, von der Hand des Himmels auf das menschliche Geschlecht ausgeschüttet.

Radio Leist GmbH

Kompetenz und Qualität seit 1946!
Mozartweg 13, Bruchsal

Tauchen Sie ein in die vielfältige EURONICS-Beratungswelt!

Der traditionsreiche Familienbetrieb Radio Leist GmbH in Bruchsal steht mit seinem guten Namen seit über 65 Jahren für Kompetenz und Qualität.

Josef Leist gründete das Unternehmen im Juli 1946 ursprünglich als Radio-Reparaturwerkstatt. Unermüdlich und mit großem Engagement brachte er den Betrieb positiv voran und der Kundenkreis wuchs stetig.

In den 60er Jahren trat er dem Einkaufsverband „Union Ring“ bei und fusionierte 1970 zusammen mit den „Funkberatern“ zur „Interfunk-Einkaufsgenossenschaft“.

Hans Leist, der Sohn des Firmengründers, fand großen Gefallen am Beruf seines Vaters und trat mit viel Freude in dessen Fußstapfen. 1971 legte er seine Meisterprüfung ab und führte anschließend viele Jahre zusammen mit seinem Vater erfolgreich die Firma Radio Leist OHG.

1996 zog das Unternehmen in den Mozartweg 13 in Bruchsal. Josef Leist ging im selben Jahr in den wohlverdienten Ruhestand und seitdem führt sein Sohn Hans Leist die Firma alleine als GmbH.

2006 hoben die „Interfunk“ und die „Ruefach“ gemeinsam die „EURONICS Deutschland eG“ aus der Taufe.

Die Radio Leist GmbH ist der kompetente EURONICS-Händler vor Ort und die einmalige Leistungsvielfalt von A bis Z lässt keine Wünsche offen. In der EURONIC-Beratungswelt erwarten den Kunden ausschließlich erstklassige Produkte von renommierten Herstellern aus den Bereichen Unterhaltungselektronik, Haustechnik, Haushaltsgeräte, digitale Fotografie und Telekommunikation.

Die Firmenphilosophie lautet: „Beste Markentechnik verdient Spitzenservice. So bleibt mehr Zeit fürs Genießen und Erleben!“. Hans Leist und seine geschulten Mitarbeiter beraten selbstverständlich gerne jeden Kunden im Ladengeschäft aber auch direkt vor Ort ausführlich, kompetent und individuell, damit dieser sein Wunschprodukt erhält. Das freundliche und professionelle Serviceteam bietet aber nicht nur eine erstklassige Beratung, sondern bestellt und liefert schnell und preisgünstig, entsorgt fachgerecht, stellt auf, stellt ein, installiert, montiert, verfügt über eine eigene, ausgezeichnete und moderne Meisterwerkstatt und, und, und. Außerdem gibt es Top-Finanzierungsmöglichkeiten, Garantieleistungen und Vieles mehr.

Mehr Wissenswertes und Informatives erfahren Sie unter:

www.radio-leist.de

Hans Leist freut sich auf Ihren Besuch!

Damals

Bruchsals Neustart in und nach der Zeit der Franken

Der Name „Bruchsal"

Sicher hieß die erste fränkische Ansiedlung noch nicht Bruchsal, sondern hatte wahrscheinlich einen Namen mit der Endung *-heim*. Diese typisch fränkische Endung findet man reihenweise im Saalbachtal: Diedelsheim, Gondelsheim, Heidelsheim usw.. An dieser Häufung fränkischer Ortsnamen lässt sich die fränkische Landnahme nach der Niederwerfung der Alamannen regelrecht ablesen.

Die neue Bezeichnung findet man erstmals in einer Urkunde Kaiser Ottos II. aus dem Jahre 976 in der Schreibweise *Bruohsele*. In diesem Namen sind zwei ortsgeschichtlich bedeutungsvolle Worte verschmolzen: Das Wort „Bruch" steht für eine sumpfige Niederung (bekannt etwa der „Oderbruch") und das Wort „Sal" erinnert an einen Saal, an eine Halle, auf die der Ort zu Recht stolz sein durfte: Bruchsal hatte einen *Königshof* erhalten, ein Gebäude in dem die Könige Station machen konnten. Interessant ist, dass auch der Ortsname von *Bruxelles* (Brüssel) aus denselben Worten Bruch und Saal zusammengesetzt ist, dass also Brüssel und Bruchsal dieselbe Bedeutung haben.

Der Königshof

Die Könige und Kaiser des Mittelalters hatten anfänglich noch keine feste Residenz. Um ihre Herrschaft zu sichern und in allen Regionen bis hinunter nach Italien immer wieder präsent zu sein, waren sie ständig unterwegs. Königshöfe lagen an diesen Reiserouten, möglichst im Abstand einer Tagesetappe und waren so ausgelegt, dass der Herrscher mit seinem Gefolge unterkommen, aber auch Besucher empfangen und Rechtsgeschäfte betreiben und beurkunden konnte. Offensichtlich konnte dieser Ort die strategischen, räumlichen und ökonomischen Bedingungen für die Anlage eines solchen Königshofs erfüllen. Zu den herausragenden Urkunden, die in Bruchsal von Königen gesiegelt wurden gehört jene aus dem Jahr 996 (von Kaiser Otto III.), in welcher erstmals das Wort „ostarrichi" für Österreich erwähnt wird, oder die Urkunde von 1002. Diese bezeugt den „Frieden von Bruchsal" zwischen den um die Königswürde rivalisierenden Herzögen

Heinrich von Bayern und Hermann II. von Schwaben. Am Königshof von Bruchsal verzichtete Hermann und machte so den Weg frei für den künftigen Kaiser Heinrich II.

Diese Hinweise machen deutlich, dass das junge Bruchsal in jener Zeit einen unbestritten zentralen Platz in der weiten Umgebung hatte. So kommt auch der Archäologe Damminger zu der Einschätzung:

Der historischen Bedeutung Bruchsals im frühen Mittelalter kommt, vielleicht mit Ausnahme von Pforzheim, kein Ort im südlichen Kraichgau und dem bis zur mittleren Enz, zum Schwarzwald und zum Rhein hin angrenzenden Gebiet auch nur annähernd gleich. Von dem Königshof sind übrigens bis heute keinerlei Spuren gefunden worden. Man wird also weiterrätseln, wo er zu suchen wäre, beim Marktplatz, nahe der Peterskirche, oder vielleicht sogar beim Schlossgarten.

(15) Bruchsal. Blick hinauf zur Pfarrkirche St. Peter, einem Werk von Balthasar Neumann. War dort einst ein Königshof?

Damals

Bruchsal wird Bischofsstadt

Das bedeutende Herrschergeschlecht der Salier war auf Umwegen in den Besitz des Bruchsaler Königshofs gelangt, zu dem in der näheren und weiteren Umgebung noch weitere Ländereien gehörten. Dieser Vorgang ist die Voraussetzung für eine *Schenkung*, welche die Geschichte der Stadt für die nächsten 750 Jahre wesentlich bestimmte.

In einem Deckengemälde des Johannes Zick im Bruchsaler Schloss hat der Künstler 1752 diesen historischen Augenblick festgehalten: Kaiser Heinrich III., der erste Salierkaiser übergibt Bruchsal an Bischof Konrad von Speyer. Die Frau an der Seite des Kaisers, auf die er deutet, ist Bruchsalia; sie symbolisiert die Stadt, welche sich in ehrfürchtig huldigender Haltung ihrem neuen Herrn, dem Bischof nähert. Die Schenkung geschah im Jahre 1056 und schloss neben der kleinen Stadt auch die zum Königshof gehö-

(16) Kaiser Heinrich III. übergibt 1056 Bruchsal (symbolisiert in der Gestalt der Bruchsalia) an Bischof Konrad von Speyer. Ausschnitt aus einem Deckengemälde im Bruchsaler Schloss

renden Ländereien ein. Die engen Kontakte zwischen den salischen Kaisern (sie ließen sich den Speyrer Dom als Grablege erbauen) und den Speyrer Bischöfen, führte diese für längere Zeit in die vorderste Front der Reichspolitik. Sie waren eben nicht nur Vertreter eines geistlichen Amtes, sondern in ihrem Landbesitz, dem sogenannten „Hochstift" auch weltliche Herrscher. Sie waren Fürst-Bischöfe mit den Insignien des Zepters *und* des Krummstabs.

Eine Burg in Bruchsal

Die nächsten 100 Jahre erfährt man über die Stadtgeschichte nichts Neues. Wenn Rückschlüsse von der Bischofsstadt Speyer auf das bischöfliche Bruchsal erlaubt sind, dann wurde hier wie dort eine Mauer als Stadtbefestigung errichtet. Im letzten Drittel des 12 Jhs. aber wird vom Bau einer Burg berichtet, die Bischof Ulrich II. von Rechberg mitten im Schwemmland des Saalbachs auf einer Geröllinsel anlegen ließ. Sie besaß einen Wehrturm und war von einer Mauer umgeben. Ulrich hatte diese Burg offenbar aus eigenen Mitteln finanziert, denn er schenkte sie zum Schluss dem Speyrer Bistum und seine Nachfolger waren ihm dankbar.

Der Bau und die Existenz einer Burg gibt Anlass, von einem Konflikt zu sprechen, der zwar in Speyer, der eigentlichen Bischofsstadt entstanden ist, der aber dauerhaft die Geschicke von Bruchsal bestimmen sollte.

Gemeint ist der Konflikt zwischen der *Stadt* Speyer und dem Bischof, der als Fürst, als Landesherr also, meinte, in seine Stadt hineinregieren zu können. Es war die Zeit, in der die Städte als neuer Machtfaktor in Erscheinung traten, vielfach gewollt und unterstützt vom König, der sich von dort in politischer und ökonomischer Hinsicht Unterstützung und Stabilität versprach. Auch in Speyer wuchs damals das Selbstbewusstsein der Bürger. Die Stadt war auf dem Weg zur Reichsfreiheit. Es muss damals zwischen Stadtrat und Bischof zu so massiven Auseinandersetzungen gekommen sein, dass Bischof Friedrich von Bolanden die Stadt mit dem Kirchenbann belegte: In Speyer durften keine Gottesdienste gehalten werden, es gab keine Taufen, niemand spendete das Sterbesakrament. Umgekehrt war es dem Bischof ausschließlich in seiner geistlichen Funktion erlaubt, seinen Fuß auf kirchlichen Boden in Speyer zu setzen. In diesen Jahren übersiedelte das ganze Domkapitel mit dem Bischof nach Bruchsal. In die Burg.

(17) Speyer. Hier an der Westseite des Doms verlief die Grenze des bischöflichen Rechtsbezirks. Jenseits dieser Grenze begann die Stadt und hier war der Kaiser *oberster Stadtherr. Auf die Beachtung dieser Grenze wurde von den Bürgern peinlich geachtet.*

Bruchsal unterwirft sich

Die Siedlung rings um die Burg blühte rasch auf. In kurzer Zeit muss eine städtische Verwaltung mit Schultheiß und Stadtsiegel aufgebaut worden sein. 1248 ist erstmals vom *oppidum* (Stadt) *Bruchsal* die Rede. Eine Stadtkirche neben der Burg „Unserer Lieben Frau“ wurde gebaut, ebenso eine Brücke über den Saalbach, die nun die Vorstadt um die Peterskirche mit dem neuen Zentrum verband. Man kann sich gut vorstellen, dass bei den Bürgern auch ein städtisches Selbstbewusstsein zu wachsen begann. Die Entwicklung in Speyer mag dabei durchaus ein Vorbild gewesen sein. Aber genau das wollte der bischöfliche Stadtherr auf gar keinen Fall. Zu tief verletzt und gedemütigt war er aus der Auseinandersetzung mit den Speyerern hervorgegangen. Die Flucht nach Bruchsal brachte also der Stadt sowohl den Aufschwung als auch die bischöfliche Deckelung aller Autonomiebestrebungen. Jedenfalls erfährt

man, dass 1298 „Schultheiß, Rat und Bürgerschaft von Bruchsal auf ihre Rechte und Freiheiten" verzichteten. Sie waren bereit, „die Statuten und Ordnungen ihrer Stadt von Bischof Friedrich von Bolanden und seinen Nachfolgern anzunehmen". Das bedeutete, dass sie dem Bischof, dem Hochstift und den speyerischen Amtsleuten *undertenig und gehorsam in allen sachen sin sollen und wollen.* Vielleicht mehr „sollen" als „wollen", aber sie hatten keine andere Wahl. Die Dominanz bischöflicher Macht verhinderte nun leider eine ehrgeizige Entwicklung, wie dies andernorts unter einem starken Patriziat der Fall gewesen ist. Hinzu kam ein anderes: Bruchsal war nun der Ort wichtiger politischer Zusammenkünfte, die jetzt *zu Bruxal in der Stadt des Bischoves von Spir* erfolgten. Aber die Residenz wurde nach Udenheim, dem späteren Philippsburg verlegt (da hatte man Speyer immer vor Augen). Eine ganze Sache konnte das nicht werden. Hinzu kamen noch kriegerische Ereignisse und Zerstörungen in Bruchsal. Kurz, auch die politische Bedeutung des *Fürst*-Bischofs kam ins Wanken.

Erst unter Bischof Gerhard II. von Ehrenberg im 14. Jh. wurde mit dem wehrhaften Ausbau der Bruchsaler Burg (der Bergfried steht noch heute) auch die Position des Bistums im Reich wieder gefestigt. Eine Steintafel erinnert an den bedeutenden Bischof.

(18) Nostalgisches Foto. Die alte Burg in Bruchsal. Links der erhalten gebliebene Bergfried. (Bruchsal, Museum)

Damals

Bruchsal in der Zeit von Bauernkrieg und Reformation

Das Jahr 1525 ist in Deutschland durch den sogenannten Bauernkrieg geprägt. Soziale Unruhen gab es allerdings schon früher. Im Zeichen des *Bundschuh* war es der Landsknecht Joß Fritz aus Untergrombach, der mit dem Spruch *„Nichts denn die Gerechtigkeit Gottes“* gegen die soziale Unterdrückung der Bauernschaft auftrat und zum Widerstand gegen die Herrschenden aufrief. Fritz fand lebhaften Zuspruch in Unter- und Obergrombach, und man war sich ganz sicher, dass es auch in Bruchsal genug Unzufriedene gäbe, die sich der revolutionären Bewegung anschließen würden. Der Plan war, „in aller Frühe die Stadt Bruchsal bewaffnet zu nehmen“. Die Verschwörer innerhalb der Stadtmauern sollten die Tore öffnen. Soweit kam es jedoch gar nicht, denn der Plan wurde verraten. Die Haupträdelsführer mit Joß Weiß konnten entkommen, 10 Verschwörer wurden besonders drastisch hingerichtet: Zur Abschreckung hat man sie geköpft, gevierteilt und öffentlich an den Landstraßen aufgehängt. Der

(19) Kanonen gegen Dreschflegel. Die so ungleiche Ausrüstung der Kontrahenten im Bauernkrieg wird deutlich in einer nachgestellten Szene(Bauernkriegsmuseum, Böblingen)

Name des Joß Weiß taucht in den folgenden Jahren immer wieder auf, etwa in der Bauernbewegung „Stoffel von Freiburg“.

Allen abschreckenden Maßnahmen zum Trotz kam es 1525 zu neuer Auflehnung. Die „12 Artikel der Bauernschaft“, in denen die Verfasser ihre Forderungen vom Evangelium her begründeten, das keinen Unterschied macht zwischen Hoch und Nieder, waren vergleichsweise moderat. Die hohen Herren aber dachten ganz anders und lehnten ab. Erst jetzt kam es zu Zusammenrottungen in „Haufen“, im Süden und im Osten. Auch im Kraichgau und Bruhrain demonstrierten die Bauern Stärke. Der Bischof floh nach Heidelberg zu seinem kurfürstlichen Bruder Ludwig. Der Schwäbische Bund unter Georg von Waldburg stellte einen Teil Bauern bei Böblingen. Mit militärischer Überlegenheit schlug er die Bauern zusammen. 3000 von ihnen blieben damals auf dem Schlachtfeld liegen. Den Kraichgauern ging es nicht viel besser. Doch sie unterwarfen sich dem Kurfürsten Ludwig, sowie dem Bischof, ihrem Landesherrn. Einige Anführer wurden hingerichtet, darunter auch der Pfarrer Anton Eisenhut. In den Gefängnissen ging es eng her, „das sie beynahe erstickt weren“. Schlimm für die Bruchsaler: Sie mussten die Tore ihrer Stadtbefestigung niederreißen.

Und die Reformation? Die aufrüttelnden Gedanken der neuen Lehre hatten ja die selbstbewussten Forderungen der Bauern mit verursacht. Und es war keineswegs so, dass Luthers mutiges Bekennen nicht auch Eindruck in Bruchsal hinterlassen hätte. Sogar der Weihbischof Anton Engelbrecht stellte sich auf die Seite der Reformation. Die Gemeinde stellte sich hinter ihn. Man musste ja gerade in Bruchsal damit rechnen, dass Kritik an der Kirche und ihren bischöflichen Vertretern auf sehr fruchtbaren Boden fiel. Aber ebenso sicher war, dass das Domkapitel harsch auf Kritik und Widerstand reagierte. Ehe der Bischof allerdings gegen Engelbrecht vorgehen konnte, war dieser nach Straßburg geflohen. Im Bistum selbst trat die Reformation, der Protestantismus, seinen Siegeszug an. Nur im Bereich des Hochstifts, in welchem der Bischof Landesherr war, konnte er sich auf die Order *cuius regio eius religio* des „Augsburger Religionsfriedens“ berufen und anordnen, dass seine Untertanen beim alten Glauben blieben. So ging die Reformation an Bruchsal vorüber.

Damals

Bruchsal in den Zeiten des 30jährigen Krieges

Von „Fürstentreffen“ ist in den Annalen der Stadt die Rede. Tatsächlich war Bruchsal nach den Wirren des Bauernkrieges und den konfessionellen Spaltungen auf dem besten Wege, eine Residenzstadt zu werden. Nach dem berühmten Reichstag von Speyer im Jahre 1529, auf welchem die evangelischen Stände „protestierten“ und so zu ihrem Namen kamen, konnte der Bischof den Kaiser nicht mehr in sein (abtrünniges) Speyer einladen. Vielmehr wurde Bruchsal mit dem hohen Besuch beehrt. Und hohe Besuchsehren sollten in den nächsten Jahrzehnten folgen: Kurfürsten, Herzöge und Pfalzgrafen gaben sich hier sozusagen die Klinke in die Hand. Keine andere Stadt im Bereich des Speyrer Hochstifts konnte damals eine vergleichbare Bedeutung erlangen.

1610 bestieg Philipp Christoph von Sötern den Bischofsstuhl. Er übernahm dieses Amt in einer Zeit, in welcher die konfessionellen Streitigkeiten wieder auf eine kriegerische Austragung zusteuerten. Da traf der neue Bischof die Entscheidung, die bischöfliche Residenz Udenheim zur Festung (der späteren Reichsfestung Philippsburg) ausbauen zu lassen. Im Blick auf die Kriege des 17. Jahrhunderts war dies insofern eine folgenschwere Entscheidung, als die Festung bald wie ein Magnet die Kriegsströme anzog, Unheil und Zerstörung ins Land brachte. Am Ende dieser Zeit lag auch des Hochstifts „vermögenste und beste Stadt Bruchsall“ in Schutt und Asche.

Zunächst aber ist von einem anderen bedeutsamen Ereignis zu berichten. Im Herbst 1621 stand Graf Ernst von Mansfeld mit einem stattlichen Söldnerheer vor den Bruchsaler Stadttoren und begehrte Einlass. Hier wollte er, der für die evangelische Seite kämpfte, sein Winterquartier aufschlagen, natürlich auf Kosten der Einwohner. Man erkannte in der Stadt, Gegenwehr war sinnlos, öffnete die Tore und bezahlte darüber hinaus hunderttausend Reichstaler als „Schutzgebühr“, dass Mansfeld die Stadt nicht anzünden ließ. Um eine solche Summe aufzubringen, mussten sich die Bürger selbst von wertgeachtetem Familienschmuck trennen. Das war aber nur der Auftakt für weitere Ereignisse. Der abwesende Bischof und Stadtherr war empört und wies seine Untertanen an, künftig sich auch jeder (sinnlosen) Gegenwehr zu enthalten, aber finanziellen Forderungen keinesfalls mehr nachzugeben. Bald darauf stand der Mansfelder mit seinen Truppen erneut vor Bruchsal. Wieder verlangte er Geld. Und weil sich die Bruchsaler an die Weisung ihres Landesherrn hielten, nahm Graf Ernst einige Ratsherren als Geisel mit. Unter diesem Druck gaben die Bruchsaler Bürger nach, sammelten noch einmal Geld, um die Geiseln auszulösen. Das Geld kam nie im Mansfelder Lager an, denn aus des Bischofs Festung Udenheim kamen (offensichtlich informierte) Reiter und nahmen den Bruchsaler Gesandten das Geld ab. In der Folge kamen die verschleppten Ratsherren in der Gefangenschaft um.

Das Kriegsglück hatte sich in dieser Zeit der evangelischen Seite zugeneigt, und Kurfürst Friedrich von der Pfalz schlug sein Hauptquartier in Bruchsal auf. Er ging in seinen Forderungen noch weiter als der Mansfelder Graf, verlangte nicht nur Geld, sondern auch den Untertaneneid der Bürger. Die Bruchsaler wussten wohl, dass sie damit den Treueid gegenüber ihrem Fürstbischof brachen. Doch musste man ihnen zugute halten, dass ihnen noch das Geschick der getöteten Geiseln schrecklich vor Augen stand und dass sie der propagandistischen Aussage des Kurfürsten glauben, die katholische Sache sei ohnehin verloren. Es kam dann ganz anders. Bischof Sötern war bald wieder Herr seines Landes und seiner Stadt Bruchsal, die er für ihren Treuebruch hart bestrafte. Wieder mussten die Bürger zahlen und dafür Schulden aufnehmen. Noch härter allerdings traf die bischöfliche Erklärung, er werde den Bruchsalern alle Privilegien einer Stadtbürgerschaft entziehen wegen „Rebellion und Abfall“. Es kam dann nicht ganz so schlimm, wie zu befürchten war. Der Entzug städtischer Privilegien blieb letztlich ein Drohung, aber eine sehr nachhaltige.

Inzwischen tobte der schreckliche, nicht enden wollende Krieg weiter. 1640 fand der Herrenalber Abt ein „verwüstetes und verbranntes“ Bruchsal vor, in welchem kaum mehr als die Hälfte seiner Bewohner am Leben war. Und kaum eine Generation nach Ende des 30jährigen Krieges traf es die Stadt erneut. Mühsam genug war Aufbauarbeit geleistet worden, als im sogenannten „Holländischen Krieg“ (1672 -1678) der französische König Order ausgab, die Stadt zu verbrennen. Rund um den Marktplatz und in den engen Gassen wurde Stroh aufgeschichtet. Zum Mittag schon stand die Stadt in Flammen, am Abend war sie zu Asche verbrannt.

Damals

Bruchsal, Residenzstadt für kurze Zeit

Der Name des neuen Fürstbischofs von Speyer ging in die Bruchsaler Geschichte ein: Damian Hugo von Schönborn. Er war es, der 1720 die weitreichende Entscheidung traf, künftig in Bruchsal zu residieren und sich als würdige Residenz ein Schloss zu bauen. Ganz von ungefähr kam diese Entscheidung nicht. Das renitente Speyer, welches in seinen Mauern keinen regierenden Fürstbischof mehr dulden wollte, kam nicht mehr in Frage. Udenheim, die zur Festung ausgebaute Residenz auf dem gegenüber liegenden Rheinufer, lag in Trümmern. Die Bruchsaler jedoch ahnten den Prestigegewinn, der ihrer Stadt mit Schönborns Absichten zuteil würde, und kamen ihm mit Bauplätzen und auch sonst in jeder Hinsicht entgegen.

Niemand konnte voraussehen, dass Bruchsal nur noch für 80 Jahre Hauptstadt eines Landes, wenn auch eines sehr kleinen, sein würde. So wurde gebaut, großzügig und architektonisch anspruchsvoll. Noch heute gilt das barocke Treppenhaus im Bruchsaler Schloss als „Geniestreich" des berühmten Barockbaumeisters Balthasar Neumann. Gebaut wurde jedoch nicht nur an der Schlossanlage; auch die Stadt erhielt in dieser Zeit das prägende barocke Aussehen. Die rasante Entwicklung Bruchsals übertraf wahrscheinlich die kühnsten Erwartungen der Bürgerschaft. „So gut wie alles, was mit ihrem Aufstieg zum Kunst- und Kulturzentrum zu tun hat, hängt mit dieser Residenz-Eigenschaft zusammen" (Otto B. Roegele). Doch soll nicht verschwiegen werden, dass unter der Regentschaft des erzkonservativen Fürstbischof Limburg-Stirum noch einmal eine absolutistisch-reaktionäre Geisteshaltung das Klima beherrschte. Die „Stirum-Mauer", die er anachronistisch Ende des 18. Jahrhunderts gegen den erbitterten Widerstand der Bürger um die Stadt errichten ließ, wurde zum Symbol seiner Herrschaft. Freilich gehen auch wichtige „Milde Stiftungen" auf diese eigenartige Persönlichkeit zurück: Das Waisenhaus, das Zucht- und Arbeitshaus, sowie das Spital, an welches heute der Name des modernen Fürst-Stirum-Klinikums erinnert.

Mit der „Säkularisation", der „Revolution von oben", ging 1802 ohne viel Aufbegehren eine 750 Jahre alte Tradition zu Ende. Die rechtsrheinischen Besitzungen des Hochstifts

(20) Licht- und Schattenspiel im Bruchsaler Barockschloss

Speyer wurden dem Markgrafen von Baden zugeschlagen. Für die Bruchsaler war dieser politische Akt mit dem schmerzhaft empfundenen Verlust der hohen Geltung einer Residenzstadt verbunden, zumal dieser auch spürbare ökonomische Folgen hatte. Andererseits gab es auch einen Zugewinn an bürgerlichen Freiheiten, Grundvoraussetzung dafür, den Weg der Stadt in die Moderne aktiv mit zu gestalten.

Damals

Stadt Bruchsal
Stadtteil Obergrombach

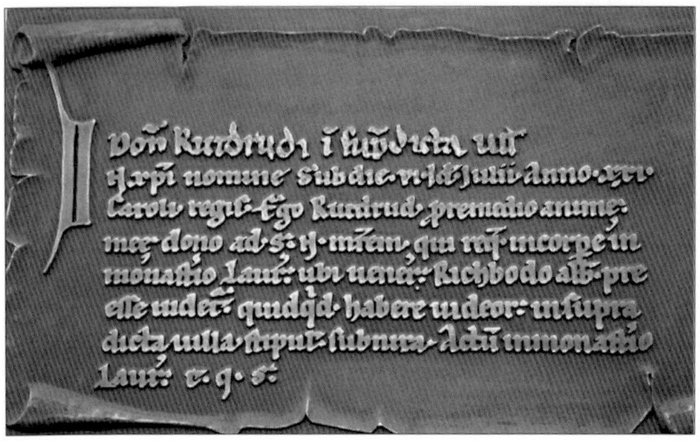

(21) Bruchsal-Obergrombach. Bronzetafel, auf der ein Faksimile der Erstnennung hergestellt wurde ..'ich schenke alles was ich im oben genannten Dorf(Obergrombach) besitze'

Was heute Stadt-*Teil* (von Bruchsal) ist, war einst selbst einmal Stadt gewesen. 1337 wird Obergrombach erstmals als Stadt genannt. Die Siedlung selbst kommt schon über 500 Jahre früher ins geschichtliche Blickfeld, weil im Lorscher Codex bereits 789 Bezug darauf genommen ist. Wenn man heute durch den großen Torbogen tritt, zur rechten die eindrucksvolle ehemalige Synagoge und voraus über den eng zusammen stehenden Giebeln die Burg aus dem Mittelalter und das Schlösschen des Fürstbischofs Damian Hugo von Schönborn, dann fühlt man sich in einer anderen Welt, dann beginnt man das alte „Städ'l" wahrzunehmen.

(22) Blick durchs Tor auf das „Städ'l". Oben die Burg, rechts die alte Synagoge

Damals

(23) Bruchsal-Obergrombach. Über den eng zusammenstehenden Häusern links die Giebelfassade des Schlösschens, im Hintergrund die evangelische Kirche

(24) Die Hauptstrasse durch den alten Ort gleicht eher einem schmalen Gässchen.

Damals

Dettenheim

Am 1. Januar 1975 wurden die damals eigenständigen Gemeinden *Liedolsheim* und *Rußheim* im Rahmen der Gemeindereform zur Gemeinde Liedolsheim-Rußheim zusammengeschlossen. Als neue Ortsbezeichnung kam die Addition beider Teile wegen ihrer Länge nicht in Frage. Man einigte sich auf *Dettenheim*, alter Name des abgegangenen und nach Karlsdorf umgesiedelten Nachbarortes. (Dessen letzte Überreste heißen heute „Alt-Dettenheim"). Weil alle diese drei Orte auf der Niederterrasse des Rheins lagen, hatten in der 1200jährigen Geschichte auch alle unter den Hochwassern zu leiden. Die geographische Nähe zur Festung Philippsburg brachte aber

(25) Dettenheim. Ortsteil Liedolsheim. Die Häusergruppe umgibt fast schützend die Kirche.

die noch ganz anderen Leiden kriegerischer Auseinandersetzungen mit. Diese Zeiten sind für den zukunftsorientierten Ort nur noch Erinnerung. Mehr als 'nur noch Erinnerung' ist allerdings eine wunderbare Aulandschaft, die sich in den Altrheinarmen gebildet hat und geschützt wird.

(26) Dettenheim. Ortsteil Rußheim. Hier scheinen die Häuser Spalier zu bilden für die Kirche.

Damals

Alt - Dettenheim

Etwa drei Kilometer westlich von Liedolsheim, in der Nähe der Rheinauen, findet man die sieben noch verbliebenen Häuser des ehemaligen Dettenheim, darunter auch noch eine alte Ziegelei, will sagen, was davon übrig geblieben ist. Das ist *Alt-Dettenheim.* Original erhalten ist der Gasthof 'Löwen', ein stattlicher Fachwerkbau. Seine Anfänge gehen gewiss ins 17. Jahrhundert zurück. Wer heute im Biergarten dieses beliebten Ausflugsziels unter alten Bäumen sitzt, kann vielleicht davon träumen, wie munter es einst hier im Zentrum des alten Dettenheim hergegangen ist.

Wenige Schritte vom Löwen entfernt haben die Karlsdorfer 1938 einen Gedenkstein gesetzt. Es war der 125. Jahrestag ihrer Umsiedlung.

Damals

(28 oben) Dieser Gedenkstein wurde am Ort des verlassenen Dorfes Dettenheim von den Nachkommen der einstigen Bewohner aufgestellt. Ihr neues Zuhause hieß Karlsdorf.

(27 links) Nur noch wenige Gebäude sind vom alten Dettenheim übrig geblieben. Das Gasthaus zum Löwen gehörte dazu und wurde zu einem beliebten Ausflugsziel.

Hier war bis zum Jahre 1813
der Mittelpunkt des Dorfes Dettenheim.
Durch die Fluten des Rheinstromes
gezwungen, verließen dessen Bewohner
in jenem Jahre die Heimat und gründeten
in Altenburg eine Neusiedlung.
Dieser Ort erhielt den Namen Karlsdorf

Gemeinde Eggenstein - Leopoldshafen

1974 trat die Gemeindefusion dieser beiden Orte in Kraft, die Jahrhunderte lang zwar eine vergleichbare Geschichte verband, jedoch selbständig waren. Bodenfunde lassen darauf schließen, dass die Region seit der Jungsteinzeit von Menschen besucht und bewohnt worden war. Die erste urkundliche Erwähnung von Eggenstein (*Hecinstein*) findet sich schon 766. Diejenige von Leopoldshafen (der Ort hieß ursprünglich *Schröck*), stammt aus dem Jahr 1160. 1390 ist Schröck als Zoll- und Fährort belegt. Die politische Zuständigkeit für die beiden Orte war inzwischen auf den Markgrafen von Baden übergegangen. Das bedeutete in der Zeit der Reformation, dass Eggenstein und Schröck unter dem protestantischen Markgrafen selbst den „neuen Glauben“ anzunehmen hatten. Versuche einer Rekatholisierung im 30jährigen Krieg schlugen letztlich fehl. Auch in die weiteren kriegerischen Auseinandersetzungen waren die beiden Gemeinden immer leidvoll einbezogen. Melac, dem berüchtigten General des französischen ‘Sonnenkönigs’, der das Heidelberger Schloss niederbrennen ließ, fiel auch

(29) Evangelische Kirche in Eggenstein

Eggenstein zum Opfer, wahrscheinlich auch Schröck. Immerhin konnte dieser Ort 1721 bereits das eindrucksvolle Rathaus bauen, in welchem sich heute das Heimatmuseum befindet. Die Umbenennung in *Leopoldshafen* kam 1833. Großherzog Leopold von Baden hatte hier (nach der Rheinkorrektur) die Oberrheinschifffahrt eröffnet. Aus Dankbarkeit für diese großherzogliche Aufmerksamkeit wollte die Gemeinde den Namen Leopolds „verewigen“.

(30) Das alte Rathaus von Leopoldshafen wurde 1721 erbaut. Heute befindet sich hier das Heimatmuseum.

Damals

Stadt Ettlingen

Im Zuge der Gemeindereform wurden in den Jahren zwischen 1972 und 1974 die ehemals selbständigen Gemeinden *Bruchhausen, Ettlingenweier, Oberweier, Schluttenbach, Schöllbronn* und *Spessart* nach *Ettlingen* eingemeindet. Damit hatte die Stadt die 30.000 Einwohner-Grenze überschritten. Zur Großen Kreisstadt war Ettlingen bereits 1966 erhoben worden.

Die Anfänge

Aus dem Jahr 788 datiert die erste urkundliche Erwähnung von Ettlingen. In einer Schenkungsurkunde des

(31) Ettlingen. Der sogenannte „Römerbrunnen" hinter der Martinskirche ist aus römischen Fundamentsteinen von Volker Erhard im Jahre 1986 errichtet worden

Reichsklosters Weissenburg findet sich die Namensform *Ediningom.* (Es dauerte übrigens bis ins 16. Jahrhundert, bis die heutige Schreibweise feststand.) Das wirkliche Alter der Siedlung ist damit nicht gemeint. Man kann vielmehr davon ausgehen, dass es sehr viel älter ist. Ganz gewiss aber hatten sich Jahrhunderte vorher die Römer an dieser Stelle niedergelassen. Davon „erzählen" die vielen Bodenfunde. Es sind Spuren des täglichen Lebens, Keramik, Münzen und Werkzeuge, aber auch Gegenstände religiöser Praxis wie die sogenannten Göttersteine. Die Martinskirche ruht gewissermaßen auf den Fundamenten eines römischen Bades aus dem 2. Jahrhundert.

Hinter der Martinskirche hat man deshalb einen *Römerbrunnen* geschaffen. Die nur wenig behauenen Steine dieses Brunnens stammen von einer römischen Anlage, die bei Ausgrabungen in der Entengasse gefunden wurden. Mit der Gestaltung war der Ettlinger Künstler Volker Erhard beauftragt worden. „In Anspielung an die Thermen unter der benachbarten Martinskirche fließt stoßweise Wasser durch eingelassene Kanalelemente. Der Lauf des Wassers in eingefrästen Rinnen soll auch an die antike Wasserversorgung erinnern" - an die römische Vergangenheit der Stadt.

(32) Gotischer Chor der Martinskirche, die auf den Fundamenten einer römischen Therme erbaut worden ist

Stadt Ettlingen

(33) Ettlingen. Der Lauerturm ist Teil der mittelalterlichen Stadtbefestigung.

Ettlingen bekommt eine Stadtmauer

Ediningom erhielt im Jahre 965 von Kaiser Otto dem Großen das Privileg, im Dorf einen *Markt* auszurichten. Damit wird zweierlei deutlich; zum einen sollte Ettlingen nach dem Willen des Kaisers durch dieses Marktprivileg wirtschaftlich gestärkt werden, zum andern wurde ihm eine zentralörtliche Funktion zugeschrieben. Zwei Jahrhunderte später (1192) hat der Stauferkaiser Heinrich VI. Ettlingen zur Stadt erhoben. Damit verbunden war das keineswegs selbstverständliche Recht einer *Stadtbefestigung*. Eine Mauer wird nun in mehreren Bauphasen um die Stadt hochgezogen. An den Ecken sollen Türme einen zusätzlichen Schutz bieten. Erhalten geblieben ist der mittelalterliche Lauerturm und ein imposantes Stück der alten Stadtmauer.

(34) Die Stadtbefestigung war Ettlingen 1192 durch Kaiser Heinrich VI. gestattet worden. Der bis heute erhaltene Rest stammt aus dem 15. Jh. Die Mauer ist 7 m hoch und 1,80 m dick.

Damals

Stadt Ettlingen

Damals

Die Markgrafen von Baden werden Stadtherren

Nach der Erhebung Ettlingens zur Stadt durch Kaiser Heinrich VI. im Jahre 1192 wurde zum Schutze der Stadt neben der Mauer auch eine mittelalterliche Burganlage errichtet. Es waren die Markgrafen von Baden, die den Ausbau vorantrieben, nachdem sie 1219 in den Besitz Ettlingens gekommen waren. Im jetzigen Schlosshof sind noch Reste des Burgturms als Naturmauerwerk zu sehen. Auch der heute noch erhaltene *Bergfried* geht auf diese mittelalterliche Ausbauzeit zurück. In 11 Meter Höhe befindet sich noch heute der einzige Zugang zum Turm. Von hier aus abwärts befand sich das Verlies. Nach oben muss man sich ein zusätzliches Stockwerk vorstellen, das später abgetragen worden ist.

(35 links) Ettlingen. Der Bergfried der ersten Burg blieb in der Schlossanlage erhalten

(36 oben) Das neue Siegel: Statt Schlüssel - ein Turm

Die Übernahme der Stadtherrschaft durch das badische Markgrafenhaus Baden wird auch in der Änderung des Stadtsiegels erkennbar. Zunächst enthielt das Siegel einen Schlüssel, der auf die Patronatsherrschaft des Klosters Weißenburg hinwies. Nun lösten die Markgrafen diese immerhin fast 500 Jahre bestehende Verbindung ab und übertrugen die Patronatsrechte über die Martinskirche 1245 dem badischen Hauskloster Lichtental bei Baden-Baden. Mit diesem Recht war der Erlös aus Pfründen verbunden, aber auch das wichtige Pfarrbesetzungsrecht. Die Markgrafen begannen damit, ihren Einfluss auf die Stadt zu konzentrieren.

Damals

Stadt Ettlingen

Die Reformation hatte keine Chance

Die Markgrafschaft Baden wurde 1535 durch Erbteilung in die beiden Herrschaften *Baden-Baden* und *Baden-Durlach* aufgeteilt. In derselben Zeit vollzog sich in Deutschland noch eine ganz andere Aufteilung: Die Reformation. Sie fand unter den Fürsten Gegner und Befürworter. Das Prinzip des Augsburger Religionsfriedens von 1555 hieß: Der Landesherr entscheidet über die Konfession seiner Landeskinder. Für die Markgrafschaft Baden bedeutete dies: Baden-Durlach wurde evangelisch, weil sein Markgraf Karl

(37) Ettlingen. Das Jesuitenkolleg, 1730 im Barockstil erbaut, war Ausbildungsstätte der Jesuitenpatres, später Lehrerseminar und schließlich Gymnasium.

II. die Reformation einführte, die Bevölkerung des Baden-Badener Territoriums jedoch blieb katholisch, weil sich ihre Herrschaft entschlossen hatte, der alten Lehre treu zu bleiben. Das war nun auch der konfessionelle Weg Ettlingens. Dabei war zu Beginn des reformatorischen Aufbruchs durchaus auch eine kritische Bewegung in die Stadt gekommen. Sie hatte aber letztlich keine Chance, im Gegenteil. Der als gegenreformatorische Maßnahme von dem Spanier Ignatius von Loyola neu gegründete *Jesuitenorden* wurde in Ettlingen etabliert und hatte sicher großen Anteil an der 'Beruhigung' allzu papstkritischer Gemüter.

(38) Der im Volksmund HIC genannte Mönch entstand im 16. Jh. und sollte wohl auch Wegzeiger für das Spital sein

In der Ettlinger Altstadt wird der Besucher an einer Hauswand auf eine Mönchsfigur aufmerksam gemacht, im Volksmund HIC genannt. Sie entstand im 16. Jahrhundert und weist mit ihrem Zeigefinger wahrscheinlich auf das ehemalige Spital hin. Sie könnte auch zum Wegzeiger für das Jesuitenkolleg geworden sein, denn dieses bekam seinen Platz beim Spital eingeräumt und aus der noch heute existierenden, wenn auch mehrfach umgebauten Spitalkirche war die Kirche des Jesuitenkollegs geworden.

Damals

Stadt Ettlingen

1689 - Zerstörung und Wiederaufbau der Stadt

(39) Ettlingen. Am Rathausturm wurde dieses Kriegs-Denkmal der beiden Weltkriege geschaffen. Es steht aber gewiss auch für die Leiden des Kriegsjahrs 1689

Nach dem Tod des Kurfürsten der Kurpfalz Karl II. erhob der französische 'Sonnenkönig' Ludwig XIV. Anspruch auf die Kurpfalz, da sein Bruder, Herzog Philipp von Orléans, mit der Schwester des Verstorbenen, Elisabeth Charlotte ('Lieselotte von der Pfalz'), verheiratet war. Dieser Forderung wurde aber von der in Düsseldorf residierenden katholischen Seitenlinie Pfalz-Neuburg nicht nachgegeben. Daraufhin führte Ludwig XIV. mit seinem General Ezéchiel de Mélac über Jahre einen vernichtenden Feldzug, in dem zahlreiche Städte, Dörfer, Burgen und Schlösser der Kurpfalz und der Markgrafschaft Baden zum Teil mehrmals in Schutt und Asche gelegt wurden. Unter anderem wurden Mannheim, Heidelberg (1693 auch das Heidelberger Schloss), Worms, Speyer (1689 auch der Kaiserdom), Pforzheim, Durlach und Hirsau zerstört.

Damals

Und so geschah es 1689 auch der Stadt Ettlingen. Alles brannte und wurde ein Raub der Flammen. (Für die Nachwelt besonders bitter: Vernichtet waren auch alle Urkunden und Kirchenbücher.)

In Jahrzehnten erstand Ettlingen neu. Die Stadtchronik weist besonders auf ein Glasfenster im Rathaus hin, das *Sibylla Augusta* darstellt, die Regentin der Markgrafschaft nach dem Tod ihres Gatten. Das Bild hält die Situation fest, in der sie vom Baumeister den Neubauplan für die Martinskirche entgegennimmt, die dann die Gestalt einer barocken Hallenkirche empfängt, wie sie sich noch heute präsentiert. Andere Gebäude folgten, das Rathaus vor allem und nicht zuletzt das Schloss, welches von der Markgräfin in ihren letzten Lebensjahren als Witwensitz gewählt und mit ihrer Hofhaltung belebt worden ist.

(40) Ettlingen. Das Rathaus wurde nach der Zerstörung im Jahre 1738 im Stil des Barock wieder aufgebaut. Rechts der Rathausturm. Bis ins 13. Jh. bildete er das nördliche Stadttor.

Damals

Stadt Ettlingen
Die Martinskirche

Dieses älteste Bauwerk der Stadt hat eine sehr lange Geschichte. Sie beginnt um 200 n. Chr. mit einem römischen Bad. Nach der Vertreibung der Römer durch die Alamannen verfallen die Bauwerke. Fränkische Siedler haben um 700 darin einen Friedhof angelegt, wahrscheinlich mit einer kleinen Friedhofskapelle, die auch schon dem hl. Martin geweiht war. In die karolingische Zeit wird das Mauerwerk einer Kirche datiert, die innerhalb der heutigen Kirchenmauern lag und einen Turm im Westen besaß. In staufischer Zeit „wird der Turm gedreht". Er steht jetzt im Osten. Ihr Fundament ist im heutigen Turm erhalten. In markgräflicher Zeit wird im Chor das gotische Gewölbe eingebaut und auf dem Schlussstein die Ebersteiner Rose abgebildet. Es bestanden durch Heirat Bande zwischen den Markgrafen und den Ebersteinern. 1385 macht das Wachstum der Stadt einen großen gotischen Erweiterungsbau erforderlich. 1460 wird diese zur Stiftskirche mit großem Chor und Lettner umgerüstet. Dieses Bauwerk verbrennt 1689. Beim Wiederaufbau wird der Turmstumpf durch einen Eisenring gesichert und mit einem barocken Helm abgeschlossen.

(41) Ettlingen. Das moderne Deckengemälde in der Martinskirche mit 812 qm 1988 wurde von Emil Wachter erschaffen.

1739 kann der Speyerer Fürstbischof Damian Hugo von Schönborn das neue barocke Gotteshaus einweihen.

Damals

(42) Ettlingen. Die Martinskirche in der Barockgestalt, die sie nach der Zerstörung im Pfälzischen Erbfolgekrieg bekommen hat. Über dem Eingangsportal ist der Namenspatron Martin abgebildet, der mit dem Armen teilt. Darunter das markgräfliche Allianzwappen.

Damals

Stadt Ettlingen

Das Schloss

Hauptsehenswürdigkeit der Stadt ist das *Markgräfliche Schloss*, das 1727–33 nach Plänen von Johann Michael Ludwig Rohrer erbaut wurde. Die Geschichte des Ettlinger Schlosses begann allerdings, wie schon beschrieben, sehr viel früher.

Eine Burg war es zu Beginn. Sie sollte das 1192 zur Stadt erhobene Ettlingen schützen. Der heute noch erhaltene Bergfried stammt aus der Zeit des weiteren Ausbaus der Burg. Bauherren waren jetzt die Markgrafen von Baden. Anno 1219 waren sie in den Besitz der Stadt gekommen.

Nach der Aufteilung der Markgrafschaft Baden unter den Brüdern Ernst und Bernhard 1535 versuchte man mit dem Bau einer repräsentativen neuen Schlossanlage seine Macht in Ettlingen gegenüber dem Durlacher Haus deutlich zu demonstrieren. Das gegen 1600 fertiggestellte Renaissanceschloss wurde als dreiflügelige Anlage unter Beibehaltung des mittelalterlichen Burgturmes ausgeführt.

Doch dann fiel die Anlage im schrecklichen Jahr 1689 der Zerstörungswut des französischen Königs und seiner Mordbrennern zum Opfer.

1727 entschloss sich die Markgräfin Sibylla Augusta (1675-1733), Witwe des Markgrafen Ludwig Wilhelm von Baden, die Ruine als Altersruhesitz wieder aufzubauen. Das Ergebnis war ein eindrucksvoller Barockbau.

Für die Ausgestaltung der Schlosskapelle konnte der berühmte Freskomaler des Spätbarocks Cosmas Damian Asam gewonnen werden. Der heute als Asamsaal bekannte Raum, dessen Deckengemälde die Legende und das Leben des heiligen Nepomuk darstellt. wurde zum künstlerischern Höhepunkt des repräsentativen Neubaus.

Mit dem Tod der Markgräfin im Jahr 1733 begann jedoch der Niedergang des Schlosses. Es wurde zunächst als Gästehaus genutzt, ab 1812 als Militärhospital und Uniformarsenal, ab 1871 zur Unterbringung einer preußischen Unteroffiziersschule bis das Schloss 1912 in den Besitz der Stadt Ettlingen überging. Großartig restauriert bietet es sich heute dem Besucher der Stadt als besondere Attraktion an.

Damals

Das markgräfliche Schloss zu Ettlingen

(43 rechts) Ausschnitt aus dem Deckenfresko des Asam-Saales (Plakat im Schlosshof)

(44 unten) Blick zum Hauptportal des Schlosses. Links im Vordergrund der Sockel des alten Bergfrieds.

Damals

Stadt Ettlingen
Die Stadtteile

Bruchhausen

Erstmals urkundlich erwähnt wird der Ort 1115 in einer Schenkungsurkunde des Klosters Reichenbach im Murgtal. Im Ortsnamen spiegelt sich die geographische Lage im ehemaligen Sumpfgebiet (Bruch) der Rheinniederterrasse. Bruchhausen ist eine hochmittelalterliche Ausbausiedlung auf der Gemarkung von Ettlingenweier. Zusammen mit Oberweier, Ettlingenweier, zeitweilig auch Schluttenbach und dem Rimmelsbacher Hof gehörte Bruchhausen seit 1307 zum „*Stab* Weier“, das meint einen Gerichts- und Markgenossenschaftsbezirk. Zwischen 1809 und 1819 löste sich der Stab Weier auf und Bruchhausen wurde selbständige Gemeinde. Mit der Gemeindereform 1972/1974 wurde Bruchhausen zu einem Stadtteil von Ettlingen. Es ist der größte.

Ettlingenweier

Als *Owenswiler* tritt der Ort um 1100 urkundlich erstmals in Erscheinung und zwar auch hier in einem klösterlichen Schenkungsbuch: Im Hirsauer Codex. Schon im frühen 13. Jahrhundert fiel das Dorf an die Markgrafen von Baden. Wie Bruchhausen so wird 1307 auch dieser Ort dem „Stab Weier“ eingefügt. Ein halbes Jahrtausend hielt sich diese regionale Verwaltungseinheit. Sitz der weltlichen und kirchlichen Verwaltung für alle Stabsorte war Ettlingenweier.

Oberweier

1115 wird ein *Babinwilare* in einer Schenkungsurkunde des Klosters Reichenbach genannt. Damit ist Oberweier gemeint. Aus dem Ortsnamen kann geschlossen werden, dass es sich bei diesem Ort um eine spätere Ausbausiedlung von Ettlingenweier handelt. Auch Oberweier gehörte zum Stab Weier.

Schluttenbach

Schluttenbach ist der kleinste und zugleich höchstgelegene Stadtteil von Ettlingen. Eine tausendjährige Linde empfängt den Besucher am Ortseingang. Entstanden ist der Ort einst als eine Tochtergründung von

Schöllbronn bald nach 1200. Zwei Jahrhunderte blieb das Dorf unter der Herrschaft der Württemberger. 1528 fiel es durch einen Tausch an die Markgrafen von Baden. So kam dann auch Schluttenbach zum Stab Weier.

Schöllbronn

Schöllbronn wird urkundlich erstmals in zwei Papsturkunden zwischen 1255 und 1261 genannt, in denen sich das Kloster Gottesaue seine Besitzungen, Rechte und Freiheiten bestätigen lässt. Zu jener Zeit wurde die Albhochfläche an siedlungsgünstigen Stellen gerodet. So entstand eine in Nord-Süd-Richtung langgestreckte Siedlung. Vor 1219 war Schöllbronn zusammen mit Schluttenbach und Rimmelsbach im Besitz der Herren von Remchingen, bevor es 1457 an die Markgrafschaft Baden verkauft wurde.

Spessart

Spessart wurde 1265 erstmals urkundlich erwähnt. „Sein Name lässt auf einen Wald mit auffallend vielen Spechten schließen." Spessart nimmt geschichtlich eine Sonderstellung ein unter den anderen Stadtteilen. Es gehörte nämlich von 1294 bis 1803 zur Herrschaft des Klosters Frauenalb, bis diese Herrschaft im Zuge der Säkularisation aufgelöst wurde. Vorher aber liest man immer wieder von Streitereien mit der Stadt Ettlingen. Streitpunkt: war die Nutzung des Waldes.

(45) Ettlingen. Das Pforzheimer Tor aus der mittelalterlichen Stadtbefestigung wurde 1823 dem Verkehr geopfert.

Forst

Der Name der Gemeinde Forst, der erstmals 1161 in einer Urkunde des Klosters Hirsau zu finden ist, geht tatsächlich auf die Bedeutung *Forst* wie *Wald* zurück und bezeichnete eine Ansiedlung im Lußhardtwald. Bodenfunde aus der Jungstein- und Bronzezeit, sowie Spuren römischer Siedlungen vermitteln das Bild einer Jahrtausende alten Kulturregion. Es war übrigens kein Geringerer als der Stauferkaiser Friedrich Barbarossa, der die erwähnte Urkunde von 1161 unterzeichnet hat und in dieser dem Kloster Odenheim einigen Landbesitz auf der Markung Forst bestätigte. Etwa 300 Jahre später erscheint Forst erstmals mit einem eigenen Siegel, das heißt als Gemeinde, die sich von Bruchsal gelöst und mit Schultheiß und Gerichtsgremium selbständig geworden war. Dennoch gehörte Forst weiterhin zur Herrschaft des Hochstifts, dem weltlichen Machtbereich des Speyrer Fürstbischofs.

(46) Forst. Das Rathaus.

Doch konnte dieser seine Landeskinder in den Wirren des 30jährigen Krieges auch nicht schützen. 1644, also kurz vor dem Ende dieses grauenhaften Krieges, schlug für Forst gewissermaßen die Todesstunde in einem vernichtenden Brand. Es wird berichtet, dass auch nicht ein einziges

Gebäude dem Feuer entgangen ist. Und nur 5 Bürger der Gemeinde sollen überlebt haben. Welcher Mut mag die Menschen beflügelt haben, in diesen Ruinen einen Neubeginn zu wagen. 100 Jahre danach sah das Dorf ganz andere Bilder. Die barocken Fürstbischöfe von Hutten und von Schönborn, beide passionierte Jäger, luden gerne Jagdgesellschaften in ihre Bruchsaler Residenz ein. In dieser Zeit entstand auch in Forst ein Jagdhaus, in dem die Jäger zusammenkamen. Es diente später Beamten des Hofes als Wohnung. Nach dem Übergang des fürstbischöflichen Landes an das Großherzogtum Baden widerfuhr dem Gebäude ein wechselhaftes Schicksal, bis das „Jägerhaus" in den 80er Jahren des letzten Jahrhunderts zum Kultur- und Bürgerhaus umgestaltet wurde. In seinen Räumen, aber auch in der Gestalt des Baus wird die wechselhafte Geschichte der Gemeinde Forst präsent und anschaulich.

(47) Forst. Die 1882 im neoromanischen Stil erbaute Pfarrkirche ist der hl. Barbara geweiht, die auch im Wappen der Gemeinde dargestellt ist.

Damals

Gondelsheim

Die Ortsnamenendung auf *-heim* weist auf eine frühe fränkische Gründung hin, die etwa um 500 n. Chr. erfolgt sein wird. Die im Saalbachtal gelegene Kraichgaugemeinde entwickelte sich dank ihrer fruchtbaren Böden zu einem wohlhabenden Ort, in welchem so ausgedehnte Güter wie der Bonartshäuser Hof oder der Erdbeerhof schon im Mittelalter entstehen konnten. Im Jahre 1257, dem Jahr seiner urkundlichen Ersterwähnung, gehörte Gondelsheim zum Kloster Herrenalb. Seit dieser Zeit hatten die Gondelsheimer immer wieder anderen Herren zu huldigen und sich mit ihnen über Steuern, Abgaben und Dienstleistungen zu verständigen: Darunter fanden sich die Namen niederadeliger Herrschaften aus der Region, aber auch die Regenten aus den Häusern Baden, Württemberg und nicht zuletzt der Kurpfalz. So scheint es naheliegend, dass das bemerkenswerteste Gebäude des Ortes ein Schloss ist. Allerdings stammt die-

(48) Der „alte Turm" ist ein Überbleibsel einer mittelalterlichen Wehrkirche, die im 30jährigen Krieg zerstört wurde

(49) Das Douglas'sche Schloss aus den Jahren 1856 / 1857 im anglo-schottischen Stil wurde auf Vorgängerbauten des freien Ritterstandes erbaut

ses Douglas'sche Schloss erst aus dem 19. Jahrhundert. Diese Familie kam über die Markgrafen von Baden ins Land und zählt noch heute zu den Förderern der Gemeinde. Die vielen geschichtlichen Ein- und Umbrüche haben Zeugen hinterlassen. Der „alte Turm" erinnert an die Zerstörungen in Kriegszeiten; die ehemalige Synagoge erinnert an die jüdischen Mitbürger, die ausgewandert oder umgekommen sind; in die ehemals rein evangelische Gemeinde waren (wie anderswo) katholische Flüchtlinge gekommen und haben ein neues Selbstverständnis der Gondelsheimer bewirkt. Längst ist die ehemalige Agrargemeinde verschwunden, die wenigsten Einwohner der großgewordenen Gemeinde finden ihre Arbeit noch im Ort. Aber die verkehrsmäßige Einbindung in die Region Bretten, Bruchsal und Karlsruhe lässt diese Trennung von Arbeit und Wohnen sehr wohl zu.

Graben - Neudorf

1972 vereinigten sich die beiden Gemeinden Graben und Neudorf. Diese Fusion brachte zwei Orte mit ganz unterschiedlicher Geschichte zusammen: Sie gehörten bis 1802 zweierlei Herrschaften an. *Grabens* Landesherr war der Markgraf von Baden, während *Neudorf* zum Hochstift Speyer zählte und also dem Fürstbischof in Bruchsal zu huldigen hatte. Damit war seit der Reformationszeit auch der konfessionelle Charakter dieser Dörfer besiegelt: Während Neudorf unter dem Fürstbischof katholisch blieb,

(50) Graben-Neudorf. Zwischen den beiden Teilorten liegt das moderne Rathaus.

hatte sich die Grabener Bevölkerung dem „neuen Glauben" seines Baden-Durlacher Landesherrn anzuschließen.

Die Siedlungsgeschichte dieser Orte reicht allerdings sehr viel weiter in die Vergangenheit zurück. Im 14. Jahrhundert war Graben bereits Amtssitz mit eigenem Marktrecht. Das 'Neue Dorf' (*Nuwdorff*), 1497 erstmals erwähnt, entstand „neu" aus dem Zusammenschluss zweier älterer Rodungsorte. Neudorf gehörte zu den kleinsten, jüngsten und (ohne Gemeindewald) auch zu den ärmsten Gemeinden der Region.

(51) Die klassizistische Kirche der katholischen Kirchengemeinde im Ortsteil Neudorf

In einer Hinsicht ist die Geschichte der beiden Gemeinden aber durchaus vergleichbar: im Blick auf die kriegerischen Zerstörungen im Laufe der Jahrhunderte. Es war der 30jährige Krieg, der auch in diesen beiden Orten Elend und Tod brachte. 1688, im Orleanschen Krieg, ging Dorf und Schloss in Graben im Flammenmeer unter, ebenso soll Neudorf mehrmals in Schutt und Asche gelegt worden sein. Und im 2. Weltkrieg war es die große Straßenkreuzung nahe der beiden Orte, die Ziel von wiederholten Bombenabwürfen der Alliierten wurde. Von alledem ist heute nichts mehr zu sehen.

Damals

Hambrücken

Kaiser Friedrich Barbarossa unterzeichnete jene Urkunde von 1161, in welcher unser Ort erstmals erwähnt wird. Damals war *Hainbrucqen* im Besitz des Klosters Odenheim. Der Ortsname setzt sich zusammen aus *Hagan* gleich 'Wald' und *Brucca*, was

(52) Das Rathaus in Hambrücken

im althochdeutschen 'Brücke' oder auch 'Knüppeldamm' bedeuten kann. Ortsherren waren in der Nachfolge des Klosters die Fürstbischöfe von Speyer und diese blieben es bis zur Säkularisation im Jahre 1806. Eine kleine Holzkirche, von der man aus dem Jahr 1510 Kenntnis hat, war Fürstbischof von Schönborn, dem Erbauer des Bruchsaler Schlosses zu baufällig. Er ließ stattdessen eine kleine Barockkirche bauen, die jedoch zu Beginn des 20. Jhs. durch eine größere ersetzt worden ist. 300 000 Goldmark kostete der gewaltige neugotische Bau, dem hl. Remigius geweiht, den man seiner gewaltigen Ausmaße wegen gerne als „Dom der Lußhardt" bezeichnet hat. Jahrhunderte lang war die Zugehörigkeit zum Hochstift Speyer auch das Schicksal Hambrückens: Harte Fronarbeiten in der Festung Philippsburg, deshalb auch Anziehungspunkt für zerstörerisches Kriegsgetümmel, verpflichtende Teilnahme an den fürstbischöflichen Treibjagden und so fort. Unter dem Großherzog von Baden entstanden Zigarrenfabriken, die im 19. und beginnenden 20. Jh. eine kleine Blütezeit brachten.

Damals

(53) Die Pfarrkirche St.Remigius in Hambrücken, der „Dom der Lußhardt“

Damals

Karlsbad

1971 schlossen sich fünf ehemals alte selbständige Gemeinden zu der neuen Gemeinde *Karlsbad* zusammen: Auerbach, Ittersbach, Langensteinbach, Mutschelbach und das hochgelegene Spielberg. Die Trinkschale im neuen Wappen wie auch der Name Karls*bad* erinnern an das frühere Fürstenbad in Langensteinbach. Die Dorfgeschichte aller dieser Orte reicht weit ins Mittelalter zurück und war im Laufe der Jahrhunderte durch die unterschiedlichsten Ortsherrschaften geprägt: Dazu gehörte das einst im Kraichgau mächtige Geschlecht der Ebersteiner, aber auch die damals einflussreichen Klöster Herrenalb und Frauenalb; und natürlich die mächtigen Herren von Württemberg und Baden.

Doch neben vielen Gemeinsamkeiten gab es auch Besonderheiten, welche die Ortschaften jeweils geprägt

(54 links) Karlsbad-Langensteinbach, Altes Rathaus
(55 oben) Karlsbad-Spielberg, um 1680 wurde vor der Kirche diese mächtige Linde gepflanzt

erbach war bereits 90 n. Chr. von den Römern besiedelt worden. In Ittersbach spielten die Kalksteinbrüche und Ziegelbrennereien ab dem 19. Jh. eine bedeutende wirtschaftliche Rolle. Mutschelbach, schon 1936 ein Zusammenschluss aus drei Orten, konnte seine schweren Verluste aus dem 30jährigen Krieg durch die Ansiedlung von protestantischen Glaubensflüchtlingen ausgleichen. Und der Legende nach soll das hochgelegene Spielberg als 'Spiegelberg' von

haben. Langensteinbach wurde mit seinem Fürstenbad schon erwähnt, welches der badische Markgraf Karl III. Wilhelm 1719 einrichten ließ. Au-

den Römern zur Nachrichtenübermittlung mit Feuerzeichen oder Spiegelungen genutzt worden sein. Ein Hinweis auf seine besondere Lage.

Damals

Karlsdorf - Neuthard

„Zur Erinnerung an Großherzog Carl von Baden, den Gründer. 1813“ Das Bronzerelief am Torhaus des ehemalig fürstbischöflichen Hofguts Altenbürg erinnert an die Umsiedlung des Dorfes Dettenheim, dessen Bewohner heimatlos geworden waren nach schlimmen Überschwemmungen der Niederterrasse des Rheins, aber auch durch den Verlust des größten Teils der

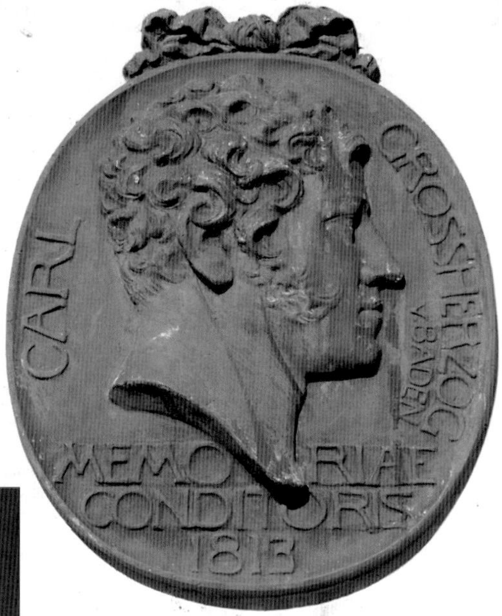

Ortsmarkung, der nach einem Rheindurchstich auf die linke Flussseite geraten war. Nun wurden „70 Wohnhäuser und über 50 Scheunen Balken für Balken abgeschlagen und per Wagen nach Altenbürg geschafft. Bald dreieinhalbtausendmal ging es hin und her, ehe alles Material in der neuen Heimat angelangt und wieder verbaut war.“ Der neue Ort *Karlsdorf* sollte auch namentlich an den Gründer erinnern.

(55a links unten) Das ehemalige Torgebäude des Gutshofes Altenbürg in Karlsdorf
(55b links oben) Erinnerung an Großherzog Karl, der den Flut-Flüchtlingen hier eine neue Heimat bot
(55c oben) Denkmal für den großen Sohn von Neuthard: Simon Heneca

Karlsdorf schloss sich 1975 in der Gemeindereform mit dem benachbarten *Neuthard* zusammen. 1281 wird Neuthard erstmals urkundlich erwähnt. Es ist durch Jahrhunderte hindurch ein eher kleines und ärmliches Dorf unter der Herrschaft des Fürstbischofs von Speyer gewesen. Mit erkennbarem Stolz erinnert heute der neugeschaffene Simon-Heneca-Platz an den bedeutenden Sohn der Gemeinde, der selbst aus armen bäuerlichen Verhältnissen kommend in die Bildungselite des 16. Jahrhunderts aufgestiegen ist. Nach seinem humanistischen Universitätsstudium brachte er es zum Dekan und Vizerektor der Universität Heidelberg. Später wurde er als juristischer Berater des Fürstbischofs speyrischer Hofrat. Standhaft blieb er seinem alten Glauben treu, aber auch seinem Dorf, denn zeitlebens nannte er sich *Simon Heneca aus Neuthard*.

Damals

Stadt Kraichtal

Die *Stadt Kraichtal* ist eine Neuschöpfung der Gemeindereform von 1971. Damals schlossen sich neun ehemals selbständige Gemeinden unter dem neuen Namen *Kraichtal* zusammen: Bahnbrücken, Gochsheim, Landshausen, Menzingen, Münzesheim, Neuenbürg, Oberacker, Oberöwisheim und Unteröwisheim. Mit der Wahl dieses Städtenamens wies Kraichtal auf die geographische Lage und die bedeutende Geschichte im uralten *Kraichgau* hin. Die Bezeichnung „Gau" wie in Enzgau, Neckargau, Jagstgau und so auch Kraichgau geht auf die vorfränkische Zeit zurück, in der die Alamannen nach dem Rückzug der Römer das Land besiedelten und große abgeschlossene Siedlungsgemeinschaften bildeten, eben diese Gaue. Dann gewannen die Franken die Oberhand, die Königsgeschlechter der Merowinger und der Karolinger verstanden das neue Land als Königsland, auf dem sie Königshöfe und Pfalzen einrichteten, Grafschaften als Verwaltungseinheiten schufen und Grafen als Königsvertreter einsetzten. Es war auch die Zeit, in welcher sich eine sehr differenzierte Adelsschicht entwickelte aus Dienstleuten, sogenannten Ministerialen, die in einem Treueverhältnis direkt zum König als Reichsadel standen oder aber bei einem regionalen Herrn als niederer Adel dienten. Als sich im 11. Jahrhundert der Salierkaiser Konrad II. in Machtkämpfen mit kirchlichen und weltlichen Fürsten behaupten musste, setzte er die Ministerialen stabilisierend zum Zwecke der Reichspolitik ein. Dieser Reichsadel war seinem königlichen Dienstherrn zu Treue verpflichtet und hatte die Interessen des Reiches wahrzunehmen und zu verteidigen. Das hatten vor den Saliern schon die Ottonen und nach ihnen die Staufer praktiziert. So hatten im Kraichgau die Grafen von Neipperg der Reichsritterschaft angehört. Im Laufe der Zeit veränderte sich hier das mittelalterliche Machtgefüge im Reich: Es bildeten sich immer mächtigere Territorialherrschaften heraus, die Württemberger, die Badener, die Pfalzgrafen, aber auch das geistliche Hochstift Speyer. Um ihre Position gegenüber diesen aufstrebenden Herren zu verteidigen, schlossen sich die Reichsministerialen mit den reichsunmittelbaren Rittern aus dem niederen Adel zu Ritterbünden zusammen, die sich in Ritterkantone gliederten. Der Kraichgau mit zwölf Herrschaften gehörte zum schwäbischen Ritterkreis, dem außerdem Kantone im ganzen Süden bis zum Hegau angeschlossen waren. Das Ortsbild vieler Gemeinden im Kraichgau, so auch vieler Teilorte der Stadt Kraichtal, ist geprägt von dieser ritterschaftlichen Geschichte: Überall trifft man auf Burgen und Schlösser.

(56) Kraichtal. An der Stelle der mittelalterlichen Burg der Grafen von Eberstein wurde ab 1520 das Gochsheimer Schloss gebaut.

Damals

Stadt Kraichtal
Stadtteile

Bahnbrücken

Die kleine Gemeinde Bahnbrücken wird urkundlich erstmals im Jahre 1219 erwähnt. Der Ortsname wird „als ‘der durch den Wald gebahnte Weg’ gedeutet, über den Brücken führen“. Damaliger Ortsherr war Graf Otto von Eberstein aus dem seinerzeit bedeutenden Grafengeschlecht der Herren von Eberstein, die auch im nördlichen Schwarzwald, im Alb- und Murgtal Besitz hatten. Sie waren an der Gründung des Klosters Herrenalb beteiligt, welchem die Ebersteiner im Jahre 1278 ihr Dorf Bahnbrücken zur wirtschaftlichen Existenzsicherung schenkten. Solche Schenkungen hatten darüber hinaus eine religiöse Dimension, weil sich die Schenkenden im Blick auf ihr Seelenheil der mönchischen Fürbitten gewiss sein konnten. 1385 erfährt man vom Schultheiß Syfrid, dass auch einzelne Bahnbrückener dem Kloster Schenkungen überschrieben. Später kam das Kloster Herrenalb in den Besitz des Hauses Württemberg. Mit der Einführung der Reformation durch Herzog Ulrich im Jahre 1534 wurden die Klöster aufgelöst, der oft reiche Klosterbesitz durch ein eigenes Amt verwaltet. Ein solches Amt befand sich auch in Oberderdingen. Auf diese Weise war Bahnbrücken württembergisch geworden. Die Einführung der Reformation im Ort, so ist zu lesen, stieß zunächst auf Schwierigkeiten, weil der Pfarrer von Gochsheim, dem bislang auch Bahnbrücken zugeordnet war, am katholischen Glauben festhielt und sich standhaft weigerte, dem Evangelium die Türe zu öffnen. Er musste 1538 ermahnt werden, die evangelische Lehre zu verkünden. Die im 15. Jahrhundert erbaute St.-Sebastiankirche ist mit bemerkenswerten Fresken ausgemalt, die übermalt und 1911 wiederentdeckt worden sind. Wie überall in der Region hat der 30jährige Krieg furchtbares Elend und Zerstörung auch über Bahnbrücken gebracht. Nur sechs oder sieben Familien waren am Ende noch geblieben. Doch ein hoffnungsvolles Zeichen stellt 1703 die erste Erwähnung eines Schulmeisters dar. Und hoffnungsvoll war auch die Geldzuweisung vom Derdinger Pflegamt, mit dem die zerfallende Kirche renoviert worden ist.

Damals

(57) Gochsheim. Stadtansicht mit Schloss und Resten der Stadtmauer. Das Aquarell findet sich auf einer im Ort aufgestellten Informationstafel.

Gochsheim

Die alte Römerstraße, welche von Stettfeld über Unteröwisheim nach Gochsheim führte, weist auf die sehr alte Siedlungsgeschichte des Ortes hin. Urkundlich in Erscheinung tritt Gochsheim erstmals im Jahre 804 im Lorscher Codex, einer Art Grundbuch dieses bedeutenden Reichsklosters in der Nähe der Bergstraße. Die Schreibweise ist *Gozbodesheim.* Als Siedlung mit der Endung -heim gehört der Ort zu den frühen Gründungen in alamannisch-fränkischer Zeit. Der Name ist mit einiger Sicherheit abzuleiten von einem Personennamen „Gozbolt", in welchem man den Sippenführer und Gründer der Siedlung zu sehen hätte. Gochsheim bedeutet *Heim des Gozbolt.*

Bäckerei • Konditorei-Café Föckler

Tradition und Fortschritt seit 1835

Hauptstraße 58, Kraichtal-Gochsheim

Firmengründer
Johann Friedrich Föckler

Der Firmengründer Johann Friedrich Föckler, geboren am 30.12.1810 in Gochsheim, hatte schon immer eine besondere Vorliebe für Backwaren, die traditionell nach bewährter Handwerkskunst hergestellt werden. Nach einigen Wanderjahren (damalige Zunft) begann er in Gochsheim im heutigen Gebäude (erbaut im Jahre 1787) seine eigene Bäckerei und Landwirtschaft. In der damaligen Zeit konnte man seine Familie nicht allein von Backwaren ernähren, sondern man musste noch verschiedene Grundnahrungsmittel selbst erzeugen, was auch noch in den nachfolgenden Generationen im Blute steckt. Seinen Sohn Friedrich Föckler I, Gemeindebäcker in Gochsheim, zog es später nach Oberhausen, wo er ebenfalls eine Bäckerei gründete. Dessen Sohn Friedrich Föckler II war in Gochsheim Bäckermeister und „Engelwirt", wo er noch eine Gaststätte betrieb.

Als Johann Friedrich Föckler vor über 170 Jahren die Bäckerei Föckler eröffnete, ahnte er nicht, dass er damit den Grundstein für ein erfolgreiches Unternehmen legte, das heute mit Seniorchef August Föckler III und seiner Frau Ursula bereits in der 7. Generation im Familienbesitz ist, und dass diese noch sogar noch im selben Gebäude nahe des Gochsheimer Ortskerns gegenüber der St. Martinskirche backen.

Seit der Firmengründung setzten alle Generationen mit viel Engagement und Begeisterung die Familientradition des Bäckerhandwerks fort. So auch der Bruder von Friedrich Föckler II, August Föckler I, dessen Sohn August Föckler II und dessen Sohn, August Föckler III (heutiger Chef) sowie dessen Sohn Carsten Föckler (heutiger Juniorchef).

Der heutige Seniorchef schloss 1966 erfolgreich seine Ausbildung zum Bäckermeister in Karlsruhe ab. Sein Sohn Carsten, heutiger Juniorchef, erhielt den Meisterbrief 1996, ebenfalls in Karlsruhe.

Über die vielen Jahre hinweg hat sich das Familienunternehmen zu einer ansehnlichen Bäckerei entwickelt. So verwöhnt die Familie Föckler ihre zahlreichen Kunden nicht nur im Hauptgeschäft in Gochsheim, sondern auch im Bäcker-Café mit einer großen Auswahl an Torten und Kuchen in ihren Filialen in Flehingen und in Münzesheim sowie in den zwei Filialen in Unteröwisheim. Verteilt auf alle Filialen beschäftigt die Bäckerei Föckler, die Mitglied der Bäckereiinnung Karlsruhe ist, heute ca. 22 qualifizierte und freundliche Mitarbeiter. Um die alte Tradition des Bäckereihandwerks zu erhalten, werden jährlich ein bis drei Lehrlinge kompetent und solide ausgebildet. Oftmals erreichen die Absolventen bei der Gesellenprüfung den 1. und 2. Platz als Kammersieger im Bäckereihandwerk.

Doch ohne die tatkräftige Unterstützung der jeweiligen Ehefrauen wäre der Aufbau des Familienunternehmens derart nicht möglich gewesen. Ursula Föckler, die Ehefrau des heutigen Seniorchefs arbeitet Vollzeit im Betrieb mit und kümmert sich um alle kaufmännischen Aufgaben. Ihre Schwiegertochter Carmen Föckler, Ehefrau des Juniorchefs, ist ebenso in Vollzeit für den Verkauf und die Bestellungen zuständig.

Die familiäre Traditionsbäckerei Föckler: Seit 1835 in Gochsheim

Familie Föckler hat die Philosophie: „Nur aus guten Rohstoffen kann Bestes werden.“ Deswegen liegt es ihr besonders am Herzen nur hochwertige Rohstoffe sowie natürliche frische und gesunde Zutaten zu verarbeiten. Das Mehl wird ausschließlich aus der Region bezogen. Das „Bioland“-Mehl aus ökologischem Landbau stammt aus dem Hohenlohischen Land. Sämtliche Brote werden mit Natursauerteig hergestellt.

In der Bäckerei Föckler erwartet den Kunden ein traditionsreiches und schmackhaftes Angebot an herzhaften und süßen Backwaren sowie verschiedenen Snacks. So hat er die Qual der Wahl zwischen verschiedensten Brötchen, Broten und Brezeln sowie süßen Stückchen, Plunderteilen und Torten. Auch wenn das Sortiment bereits sehr vielfältig ist, verwirklichen die Föcklers immer wieder neue Ideen in der Backkunst. Besondere Spezialitäten sind die täglich wechselnden Brot- und Brötchensorten von „Bioland“ sowie das „Gochsheimer Stadtmauerbrot“ und das „Gochsheimer Bauernbrot Rustikal“, die sich größter Beliebtheit erfreuen.

Nach dem Motto: „Täglich frisch auf Ihren Tisch!“ werden sämtliche Backwaren täglich frisch zubereitet und gebacken. In angenehmer Atmosphäre kann der Kunde in seiner Frühstückspause all die Leckereien bei einer Tasse gutem Kaffee und einem netten Plausch direkt in der Bäckerei genießen. Aber auch Kantinen verschiedener Betriebe in der näheren Umgebung lassen sich gerne mit den Spezialitäten der Bäckerei Föckler beliefern. Für jedes kleine oder große Fest, aus privatem oder geschäftlichem Anlass hat die Familie Föckler die passenden Backwaren und auch kleine Snacks, die sie ihren Kunden immer wieder gerne anbietet, so zum Beispiel ein großes Brötchen-Rad, Mini-Brezeln oder Mini-Brötchen in allen Variationen oder aber der Klassiker: Das Party-Baguette. Das gesamte Mitarbeiterteam berät jeden Kunden gerne und findet mit ihm gemeinsam die richtige Auswahl.

Ganz besonders erwähnenswert ist es, dass bei der Bäckerei Föckler traditionell heute noch wie vor 100 Jahren einmal wöchentlich das Kundenbrot gebacken wird: Die Gochsheimer und die Anwohner aus den umliegenden Dörfern bringen ihren Brotteig im Backkorb und können nach ca. 1 ½ Stunden ihr fertig gebackenes Brot abholen.

Zum traditionellen Museumsfest in Gochsheim, das Mitte Mai stattfindet, backt Bäckermeister August Föckler im ehemaligen Gemeindebackofen des Bäckerei-Museums das originale „Gochsheimer Holzofenbrot“. Gerne nimmt er es mit dem großen, direktgefeuerten Holzbackofen auf, der fünfzig Laib Brot auf einmal aufnehmen kann und bereits einen Tag vorgeheizt werden muss, bevor gebacken werden kann. Auch wenn die Vorbereitungszeit ca. 5 Stunden dauert, macht es August Föckler immer wieder Spaß, mit dem alten Backofen zu hantieren.

Der liebevoll geführte Familienbetrieb Föckler steht seit 1835 für Tradition und Fortschritt. Zwei Komponenten, die sich gut ergänzen und den Erfolg der Bäckerei garantierten und weiterhin garantieren. Und mit Enkelsohn Niklas Föckler steht schon die nächste Generation bereit!

Seit dem Sommer 2011 betreibt Familie Föckler das „Schloßcafé mit Sonnenterrasse“ am Kirchplatz. Ebenso Streuobstwiesen mit eigener Brennerei und eine Landwirtschaft mit Mutterkuhbetrieb sowie aus Passion eine Vollblutzucht. So schließt sich der Kreis Bäckerei - Landwirtschaft - Gastronomie.

www.baeckerei-foeckler.de

Damals

Fortsetzung: Gochsheim

Die *villa Gozbodesheim* lag ursprünglich im Tal nordöstlich der heutigen Talmühle in den „Gewannen“. Von dieser Siedlung, die sich um die Mutterkirche Sankt Martin und der Sankt Katharinakapelle ausbreitete, ist heute nichts mehr zu finden. Die mächtigen Gaugrafen von Lauffen waren wahrscheinlich die Herren über das Dorf, waren zumindest dort begütert. Ihre Nachfolger, das Grafengeschlecht derer von *Eberstein*, legten dann auf dem Bergvorsprung über der Kraich den Grundstein für die spätere Stadt Gochsheim. An diesem geschützten Ort konnte sich Gochsheim entwickeln. Der Stauferkaiser Friedrich II. war 1220 zu Gast und verlieh dem aufstrebenden Gemeinwesen das Privileg des Marktrechtes zum wirtschaftlichen Ausbau und das Mauerrecht zum Schutz seiner Einwohner. Es verwundert nicht, wenn 1272 Gochsheim als *Oppidum* und 1313 als *Stadt* urkundlich in Erscheinung tritt. In vier Jahrhunderten prägten die Ebersteiner die Stadt. Die alte Burg wurde durch Schlösser ersetzt, eine neue Sankt Martinskirche, der Kornspeicher, Tore und Türme bilden noch heute ein eindrucksvolles historisches Ensemble. Erinnerungen wie das Allianzwappen am Schloss wie auch Informationstafeln erzählen vom weiteren Verlauf der Stadtgeschichte.

*(58) Am Schloss das württembergisch-ebersteinische Allianzwappen mit den Initialen des Herzogpaares: **F**riedrich **A**ugust **H**erog **z**u **W**ürttemberg und **A**lbertina **S**ofia **E**ster **H**erzogin **z**u **W**ürttemberg **G**räfin **v**on **E**berstein*

Damals

(59) Gochsheim. Der letzte Bau einer Sankt Martinskirche geht auf das Jahr 1617 zurück. Eine mittelalterliche (erste) Martinskirche „im alten Dorf" wird 1787 als „tausendjährige Bahnbrücker Kirche" bezeichnet.

Der Bütner

Ich bin ein Bütner/und mach Stolz/
Auß Förhen/Tennen/Eichen Holz/
Badwan/Schmalzkübl/Schaffel on geltn/
Die Bütten und Weinfässer/weltn/
Bierfässer machn/bichen und binden/
Waschzubr thut man bey mir finden/
Auch mach ich Lägl/Fässer und Stübch/
Gen Franckfurt/Leipzig und Lübig.

Silvia Lingenfelser

Baggerbetrieb & Transporte

Vorstadtstraße 39, Kraichtal-Gochsheim

Silvia Lingenfelser, geboren 1969, absolvierte ihre Schulzeit von 1976 bis 1986 und machte anschließend eine zweijährige Ausbildung als Apothekenhelferin. Von 1988 bis 2003 übte sie verschiedene Tätigkeiten aus und sammelte während dieser Zeit zahlreiche Erfahrungen im Berufsleben.

1999 tat Silvia Lingenfelser einen wichtigen Schritt in ihrem Leben und gab ihrem Mann das Ja-Wort. 2003 brachte sie ihre Tochter und 2005 ihren Sohn zur Welt. Um ihrer Familie ein sorgenfreies und unabhängiges Leben zu ermöglichen, wagte sie im August 2003 mit Mut zum Risiko den Sprung in die Selbstständigkeit und gründete engagiert den Bagger- und Transportbetrieb Lingenfelser in der Vorstadtstraße 39 in Kraichtal-Gochsheim.

In den Anfangszeiten bestand der Fuhrpark aus einem LKW und einem Bagger. Bereits 2004 kamen zwei weitere LKWs hinzu und 2007 wurde ein Mobilbagger angeschafft. Das Büro des Unternehmens ist im Wohnhaus untergebracht. Der Abstellplatz mit einer kleinen Halle für den Fuhrpark befindet sich im Gewerbegebiet in Kraichtal-Münzesheim.

Silvia Lingenfelser und ihre vier kompetenten, erfahrenen Mitarbeiter führen professionell Schüttguttransporte, Baustofftransporte sowie Erd- und Abbrucharbeiten und das Errichten von Naturstein-Mauern durch. In einem ausführlichen Beratungsgespräch wird individuell auf die Wünsche des Kunden eingegangen und die optimale Lösung zu fairen Preisen für seine Bedürfnisse gefunden. Sollte ein Auftrag nicht mit dem firmeneigenen Fuhrpark, der aus einem Sattelzug mit Kippmulde oder offenem Auflieger, zwei 3-Achser-Kippern mit Tandemanhänger, einem Atlas Bagger (22 Tonnen Maschine) und einem Mobilbagger besteht, bewerkstelligt werden können, werden selbstverständlich entsprechende Fahrzeuge organisiert und bereit gestellt.

3-Achser-Kipper

Mobilbagger Hitachi

Seit der Firmengründung hat die Unternehmerin den Anspruch, als kleines Unternehmen ihre Auftraggeber mit professionellen und termingerechten Leistungen zufriedenzustellen. Mit dieser Philosophie ist es ihr gelungen, zahlreiche Kunden, zu denen diverse Baufirmen, Architekten und auch private Auftraggeber im Umkreis von ca. 25 km zählen, zu überzeugen. Die Zufriedenheit ihrer Kunden ist die Basis des Erfolgs des Unternehmens und motiviert sie und ihr motiviertes Mitarbeiterteam täglich aufs Neue, ihr Bestes zu geben, um dem entgegengebrachten Vertrauen gerecht zu werden.

Mit großem persönlichen Einsatz und viel Engagement hat sich Silvia Lingenfelser im Laufe der Zeit einen guten Namen gemacht. Ihr Ziel ist es, bei ihren Kunden weiterhin einen erstklassigen Ruf zu genießen, um die Zukunft des Unternehmens auf Dauer zu sichern.

www.lingenfelser-trans.de

Damals

Stadt Kraichtal

Stadtteil Landshausen

Der anno 872 im Lorscher Codex erstmals erwähnte Ort hat eine lange Namensgeschichte. Zuerst *huserard marca,* 1161 *Nanthohehusen,* 1292 *Nantishusen,* 1386 *Lantzhusen.* Es gab einen Ortsadel (bezeugt ist 1292 der „Edle Beringer von Nantishusen"), an den ein Gewann „Am Schlossbrunnen" erinnert. Begütert in Landshausen waren spätestens im 15. Jahrhundert die Herren von *Mentzingen.* Sie verkauften 1426 den halben Ort für 2.000 Gulden an das Kloster Odenheim, welches so zum Zehntherr der Gemeinde wurde. Mit der Übersiedlung des Stifts Odenheim nach Bruchsal kam nun auch Landshausen unter die Herrschaft des Hochstifts Speyer und blieb in der Reformationszeit katholisch. Die Beteiligung seiner Einwohner an den Bauernunruhen 1525 brachte ihnen hohe Entschädigungsstrafen ein. Im 30jährigen Krieg legten die Landshausener zu ihrer Sicherheit unterirdische Gänge an. Die originellen Bauwerke sind noch heute erhalten. Mit der Auflösung des Hochstifts im Jahre 1803 kam die Gemeinde zum Großherzogtum Baden.

Stadtteil Menzingen

100 Jahre vor Landshausen findet sich im Kloster Lorsch der erste schriftliche Hinweis auf Menzingen (770), in welchem damals 2 Mühlen jenem Kloster geschenkt worden sind. 1220 erfahren wir von einem *Raven von Mentzingen* als einem Ortsadeligen. Er gilt als Stammvater des bis heute in Menzingen ansässigen Adelsgeschlechts. Graf Wilhelm von Katzenelnbogen belehnte 1359 Eberhard von Mentzingen mit dem Dorf und zwei weiteren Burgen. Die hessen-darmstädtischen Landgrafen, Erben derer von Katzenelnbogen, wurden die Landesherren für die Menzinger Bevölkerung, die im Ort die Reformation einführten. In den Bauernunruhen der Jahre 1524/1525 schlossen sich Menzinger Bauern den Forderungen an, wie sie in den „12 Artikeln der Bauernschaft" öffentlich gemacht worden waren. Als der Streit auch im Kraichgau eskalierte, als sich auch der Freiherr von Mentzingen weigerte, auf die Forderungen einzugehen, schlossen sich einige Menzinger dem „Kraichgauer Haufen" unter dem Eppinger Pfarrer Anton Eisenhut an und ver-

(60) Kraichtal-Menzingen, das Schloss wird heute noch von den Nachkommen des mittelalterlichen Adelsgeschlechts derer von Mentzingen bewohnt.

wüsteten das untere Schloss. In der Reformationszeit erlangte der Sohn des langjährigen Menzinger Pfarrers Matthäus Kochhaf Berühmtheit, der sich nach damaligem humanistischem Vorbild *David Chyträus* nannte. Der von Peter von Mentzingen geförderte evangelischeTheologe wurde später Universitätsrektor in Rostock. Bemerkenswert ist auch die 1546 von Peter von Mentzingen erlassene Dorfordnung, die tolerante Bestimmungen für Juden enthielt. 1687 wurde in Menzingen eine Synagoge gebaut. Im Dreißigjährigen Krieg wich Freiherr von Mentzingen, Direktor des Ritterkantons Kraichgau, mit seiner Familie nach Heilbronn aus. Nach seiner Rückkehr fand er ein verwüstetes und fast menschenleeres Dorf vor. Die „Schweizer Gasse“ erinnert noch heute an die Neusiedler, welche der Ortsherr damals, hauptsächlich aus der Schweiz, in sein Land holte.

Der Fischer

Ich fach gute Fisch ohn mangel/
Mit der Seß/Reußen/ und Angl/
Grundel/Sengel/Erlen und Kressn/
Forhen/Esch/Ruppen/Hecht/und Pressen/
Barben/Karpfen/thu ich behaltn/
Orphen/Neunaugen/Ehl und Altn/
Kugelhaupt/Nasen/Haufn und Huchn/
Krebs mag man auch ben mir suchen.

Omnibusverkehr A. u. W. Lauer GmbH

„Sei schlauer, fahr mit Lauer!“

Eschbachstraße 27, Kraichtal-Landshausen

Das Gründer-Ehepaar Anneliese und Alois Lauer beim 80. Geburtstag der Ehefrau

Alois Lauer, geb. 3.06.1927, eröffnete 1950 in Kraichtal-Landshausen einen kleinen Handwerksbetrieb als gelernter Schlosser. Im elterlichen landwirtschaftlichen Anwesen lagerte er die für Schlosserarbeiten benötigte Ware.

Am 06.06.1957 erhielt er den Meisterbrief nach absolvierter Meisterschule in Mannheim. Über dem Tor der heimischen Werkstatt zeugt heute noch sein Meisterstück von seinem Können. Stall und Scheune mussten einer Werkstatt mit Lagerräumen weichen. Der Betrieb entwickelte sich gut, so dass auch Lehrlinge ausgebildet werden konnten. Ein kleiner Laden - ein Holzcontainer mit Schaufenster - diente in den Anfangsjahren als Ausstellungsraum. Zu den Eisenwaren kamen nun Haushaltswaren, Geschenkartikel u.a. dazu.

Mit der Zeit wurde alles zu klein. Das alte Elternhaus wurde abgerissen. Ein neues Wohn- und Geschäftshaus mit Büro, Lagerraum und einer geräumigen Ladenfläche wurden errichtet.

Von nun an florierte das Geschäft. Nach und nach wurde das Sortiment erweitert, z. B. durch Fahrräder, Elektrogeräte und Spielwaren. Dienstleistungen im Personenbeförderungsverkehr kamen als zweites Standbein hinzu, unter anderem Mietwagenfahrten, Krankenfahrten, Zubringerverkehr nach Menzingen zum Bahnhof, Werksfahrten für EGO, Billerbeck, Lebenshilfe usw. Die Lizenz hierfür hatte Alois Lauer vorher erworben. Die ganze Familie war nun ins Geschäft integriert. Fridolin Lauer, der Bruder des Firmengründers, erledigte die Büroarbeiten nebenberuflich. Diese wurden später auf Gabi Blösch, der Tochter des Firmengründers übertragen. Anneliese Lauer, seine Ehefrau, sowie Petra Lauer, seine Schwiegertochter, waren in den Fahrdienst und in den Verkauf eingebunden.

Alois Lauer war auch lange Zeit als Wassermeister in Landshausen tätig. Sein Sohn Werner Lauer erlernte den Beruf des Elektrikers und erwarb den Meisterbrief darin. Zur Schlosserei kam so noch das Elektrohandwerk. Später legte Werner Lauer in Stuttgart noch die Prüfung als Omnibusunternehmer erfolgreich ab.

1983 eröffnete Gabi Blösch eine Lotto-Annahmestelle im elterlichen Ladengeschäft, die bis 2010 bestand. Die Lage im Einzelhandel wurde im Laufe der Zeit immer schwieriger. Die kleinen Geschäfte konnten mit dem Angebot der Großmärkte nicht mehr konkurrieren. Der Laden wurde 2010 geschlossen und zu Wohnraum umgebaut.

Im Jahre 2006/07 wurde meinem Vater der goldene Meisterbrief verliehen. Er konnte ihn noch persönlich bei der Handwerkskammer abholen und die Ehrung entgegennehmen.

Schwerpunkt des gegenwärtigen Betriebes ist das Fahrgeschäft: Omnibusverkehr A. u. W. Lauer GmbH. Das Angebot umfasst Busreisen von 25 und 26 Sitzplätzen, Zubringerdienste für die AVG und andere Busdienste, außerdem Kranken-, Dialyse- und Bestrahlungsfahrten.

Noch sehr lange arbeitete das Gründerehepaar im Betrieb mit. Inzwischen ist das auf Grund von Altersgebrechen nicht mehr möglich. Alois Lauer ist heute 84 Jahre alt und seine Frau Anneliese 83.

Heute führt das Geschäft der Sohn Werner Lauer.

Wilfried Last

Bestattungsdienst

An der Kraich 7, Kraichtal-Münzesheim

Wilfried Last und seine Frau Katrin Reiche-Last reichen Trauernden einfühlsam die Hand!
www.bestattungsdienst-kraichtal.de

Die Bestattung eines Menschen gehört für die Hinterbliebenen zu den einschneidensten und intensivsten Stationen des Lebens. Wer mit dem Verlust eines ihm lieben Menschen direkt konfrontiert wird, empfindet tiefen Schmerz und Trauer.

In dieser schweren Zeit brauchen die Hinterbliebenen ganz besonders die Hilfe und Anteilnahme durch Freunde und Angehörige, die mit Trost und Zuspruch das Gefühl vermitteln, nicht allein zu sein. Darum ist ein angemessener Abschied, in ganz bewusster Art und Weise, von besonderer Bedeutung.

Der Umgang mit dem Tod ist ein Thema, das gerne gemieden wird. Wenn im engsten Familienkreis ein Sterbefall eintritt, kommt zu dem Schmerz über den Verlust noch die Belastung durch zahlreiche Aufgaben hinzu, die kurzfristig erledigt werden müssen. Familie Last weiß aus langjähriger Erfahrung, dass vielen Angehörigen in diesem Moment oft die Kraft fehlt, sich mit Papieren und Unterlagen auseinanderzusetzen und sieht es als ihre Aufgabe, so viel wie möglich an notwendigen Wegen und Pflichten abzunehmen.

Wilfried Last, Firmengründer und Inhaber, beschäftigt sich schon seit sehr vielen Jahren mit dieser Thematik. Sein Vater, Walter Last, war 28 Jahre lang Mitarbeiter in der Gemeinde Kraichtal und erledigte dort alle anfallenden Aufgaben auf dem Friedhof, bis er im Jahr 2000 in den wohlverdienten Ruhestand entlassen wurde. So kam Wilfried Last schon in jungen Jahren mit der Arbeit auf dem Friedhof in Berührung, wenn er hier und da seinem Vater half. Im Juni 1991 trat auch er eine Stelle in der Gemeinde Kraichtal an und trat so in die Fußstapfen seines Vaters.

Einige Monate später beschloss Wilfried Last, sich mit einem Bestattungsgewerbe nebenberuflich selbstständig zu machen und gründete am 01.04.1992 das Unternehmen im elterlichen Haus in der Ortsmitte von Kraichtal-Münzesheim.

1995 erbaute er am heutigen Standort im Gewerbegebiet in Kraichtal-Münzesheim die eigenen Räumlichkeiten mit einem Ausstellungs- und Besprechungsraum.

2008 gab Wilfried Last seine Anstellung als Gemeindemitarbeiter auf und führt seit dem 01.07.2008 den Bestattungsdienst erfolgreich und kundenorientiert im Haupterwerb. Seine Frau Katrin und sein Vater Walter stehen ihm so oft wie möglich tatkräftig zur Seite.

Heute ist das Unternehmen nicht nur am Hauptsitz zu finden, sondern auch in der Friedrichstraße in Kraichtal-Unteröwisheim sowie in der Kirchstraße in Östringen-Odenheim. Das Familienunternehmen ist Mitglied im VUB (Verband unabhängiger Bestatter). Hier wurde Wilfried Last zum Verbandsgeprüften Bestatter geschult und strebt die Zertifizierung an. Mit seinem neuen Fuhrpark ist er überregional tätig. Für die Zukunft hat sich die Firma eine weitere Expandierung vorgenommen.

Das Unternehmen Last bietet eine Bestattungsvorsorge an, das heißt, eigene Wünsche für die Zeit nach dem Tod festzuhalten. Wenn Sie bereits eigene Vorstellungen haben, sei es über Art und Weise der Beisetzung oder zum Thema Trauerfeier, so sind diese am besten umzusetzen, wenn sie schriftlich und eindeutig festgehalten werden.

Im Trauerfall ist der Bestattungsdienst Last 24 Stunden, Tag und Nacht, an 365 Tagen im Jahr für die Betroffenen da. Sie beraten diese sofort am Telefon und geben Hinweise über die ersten Schritte, die zu tun sind. Sie besuchen den/die Trauernden auch zu Hause und kümmern sich dann um die Versorgung des Verstorbenen. In einfühlsamen Trauergesprächen reichen sie den Hinterbliebenen die Hand und nehmen ihnen alle anfallenden Wege ab, wie die Regelung aller behördlichen und kirchlichen Formalitäten sowie die Terminvereinbarung und Gestaltung der Beisetzung. Fehlende Dokumente werden durch das Unternehmen besorgt. Beim Entwurf und Aufgabe der Todesanzeige, der Trauerdrucksachen, Besprechung der Trauerfloristik und Bereitstellung einer musikalischen Umrahmung stehen sie hilfreich zur Seite.

So unterschiedlich wie der Mensch seine Lebenszeit gestaltet hat, kann der Abschied von ihm sein.

Der Bestattungsdienst Last gibt den Hinterbliebenen den Raum für deren Wünsche und Zeit für deren Bedürfnisse, um den Bestattungsablauf angemessen zu gestalten.

Nach diesen vorerst wichtigsten Schritten bietet das Unternehmen an, sich um weitere Formalitäten wie Antrag auf Witwen(er)-Rentenauszahlung, Abmeldung sämtlicher Mitgliedschaften und Versicherungen, Anträge auf Auszahlung von Lebensversicherungen oder Sterbegeldzusatzversicherungen zu kümmern.

Behutsam werden die Trauernden über die unterschiedlichsten Bestattungsarten beraten. Je nach persönlichen Vorstellungen und Neigungen werden mittlerweile auf fast jeden Wunsch zugeschnittene Bestattungsarten angeboten. Von der klassischen Erdbestattung bis hin zur sogenannten Diamantbestattung bietet sich dem Suchenden eine Fülle von Möglichkeiten, die letzte Ruhe zu gestalten. Hilfreich ist es dabei, sich einige Fragen zu beantworten. Soll der Verstorbene eingeäschert werden? Soll die Grabstätte für Hinterbliebene zugänglich sein oder anonym bleiben? Für welchen Zeitraum soll die Grabstätte erhalten bleiben? Ist eine Grabpflege möglich oder erwünscht? Liegt eine besondere Verbundenheit zum Beispiel zur See oder zur Natur vor? Oder aber welche Rolle spielen die Kosten?

Der Beruf des Bestatters ist keine einfache Aufgabe, aber Wilfried Last hat es sich zu Eigen gemacht, Menschen in ihrer Trauer zu begegnen und ihnen hilfreich zur Seite zu stehen.

Verbandsgeprüfter Bestatter
Verband Unabhängiger Bestatter e. V.
Nr. 10-023-01

... nehmen Sie Abschied mit uns

Rick GmbH

Sanitär- & Heizungstechnik • Blechnerei
Gottlieb-Daimler-Straße 4, Kraichtal-Münzesheim

Die Firma Rick ist kompetenter Partner für alle Aufgaben, die mit Wasser und Wärme zu tun haben. Hier bekommt der Kunde von der Beratung bis zur Planung und Ausführung alles aus einer Hand!

In den fast 60 Jahren, die seit der Gründung der heutigen Firma Rick GmbH, Sanitär- und Heizungstechnik vergangen sind, hat sich viel verändert. 1953 ist der Firmengründer Herman Rick noch mit Motorrad und Beiwagen zu den Kunden gefahren, die zu dieser Zeit fast ausschließlich aus Münzesheim kamen. Heute hat die Firma 12 Monteurfahrzeuge und ist in den Großräumen Karlsruhe, Heidelberg und Pforzheim tätig, aber natürlich auch weiterhin in Kraichtal. Das als Ein-Mann-Betrieb gegründete Unternehmen beschäftigt jetzt 25 qualifizierte und erfahrene Mitarbeiter in der Werkstatt, auf den Baustellen und im Büro.

Installateur- und Blechnermeister Hermann Rick begann das Abenteuer „selbstständiger Handwerksbetrieb“ am 03. Dezember 1953 mit der Eintragung in die Handwerksrolle.

In den Aufbaujahren gab es viel zu tun, doch durch den unermüdlichen Einsatz von Hermann und Ruth Rick gedieh der Handwerksbetrieb zusehends. So wurden die Räumlichkeiten in der heutigen Unterdorfer Straße 209 bald zu klein und das Unternehmen zog im August 1958 um in die Wiesenstraße 15, wo die Ricks ein Wohnhaus mit Werkstatt und einen Laden, einem Einzelhandelsgeschäft für Geschenkartikel, Haushalts- und Spielwaren, errichteten.

Der Familienbetrieb entwickelte sich erfolgreich weiter. Schon 1972 war wiederum nicht mehr genügend Platz vorhanden und so wurde der Laden in die Ortsmitte, in die Rathausstraße verlegt, wo er mit seinem breiten und vielfältigen Sortiment auch heute noch eine wichtige Einkaufsmöglichkeit bietet.

Die Abteilung Blechnerei und Sanitär hatte sich im Laufe der Zeit einen großen Kundenstamm erarbeitet, der weit über Münzesheim hinausging. Deswegen konnte Hermann Rick mehrere Monteure und Auszubildende beschäftigen. Es lag ihm immer sehr am Herzen, seinen eigenen Nachwuchs zu ziehen. Für ihn war es undenkbar, nicht auszubilden. Über 30 junge Leute haben im Rickschen Betrieb ihre fundierte Ausbildung absolviert. Viele von ihnen haben dem Unternehmen bis heute die Treue gehalten, was für ein gutes Betriebsklima spricht.

1985 erfolgte die Umwandlung des Familienunternehmens in die „Rick GmbH".

Als das Gewerbegebiet „Auf der alten Mühle" in Münzesheim erschlossen wurde, war die Rick GmbH im Jahr 1990 eine der ersten Firmen, die sich dort ansiedelte. In der Gottlieb-Daimler-Straße 4 entstand eine Halleneinheit mit fast 1.100 m² Fläche, wo Lager und Werkstatt, Büros und Ausstellung ausreichend Platz fanden. Damit wurde die Firma Rick den Anforderungen zu dieser Zeit, aber auch heute noch, gerecht.

1990 kam mit Schwiegersohn Ralf Keller noch der Heizungsbau zur Sanitärinstallation und die Blechnerei hinzu.

1996 ging Hermann Rick „in Rente", er stand jedoch bis zum Jahr 2005 der Nachfolgegeneration mit seinen Kundenkontakten und seiner Sachkenntnis hilfreich zur Seite.

Die zweite Generation führt den traditionellen Familienbetrieb bereits seit vielen Jahren erfolgreich und engagiert weiter. Gesellschafter und Geschäftsführer sind der Sohn Volker Rick, Sanitärtechniker, und Tochter Yvonne Keller, Diplom-Betriebswirtin. Weiterer Geschäftsführer ist Schwiegersohn Ralf Keller, Heizungsbaumeister- und -techniker.

Heute bietet die Firma Rick auf allen Gebieten modernste Technik und Verfahren an. Hierzu gehören unter anderem auch Badsanierungen, Regenwassernutzung, Solartechnik, Öl- und Gasheizungen, Pelletsheizungen, Wärmepumpen und kontrollierte Wohnraumbelüftung. So ist der Meisterbetrieb gerüstet für die Herausforderungen der kommenden Jahre und kompetenter Partner für alle Aufgaben, die mit Wasser und Wärme zu tun haben. Das professionelle Mitarbeiterteam bietet umfassenden Service zu allen Leistungen und betreut den Kunden von der Idee bis hin zur Umsetzung.

Wie schon der Firmengründer Hermann Rick ist auch die Nachfolgegeneration stets darauf bedacht, auf dem neuesten Stand der Technik zu bleiben. Dazu dienten und dienen insbesondere stetige Fortbildungen für die Monteure und Firmenseminare.

Der Wandel in den vielen Jahren seit Gründung der Firma zeigt sich auch in den verwendeten Materialien vom Stahlrohr übers Kupferrohr zum Kunststoff und Edelstahl. In der heutigen Zeit wird nicht mehr nur gelötet und verschraubt, sondern auch gepresst.

Die Rick GmbH zeichnet sich durch höchste Qualität, Zuverlässigkeit, Innovation, langjährige Erfahrung und Know-how aus. Eine weitere Stärke ist ihr Kundendienst und die individuelle Kundenbetreuung. Jeder Kunde wird gleich wichtig genommen. In Schadensfällen schnell Abhilfe zu schaffen war schon dem Firmengründer Hermann Rick wichtig und das gilt auch heute und in Zukunft noch.

Wissenswerte Informationen und aktuelle Angebote erfahren Sie unter:

www.rick-gmbh.com

Damals

Stadt Kraichtal

Stadtteil Münzesheim

822 findet man *Muncinesheim* im Lorscher Codex erstmals urkundlich erwähnt. Gedeutet wird der Ortsname, der mit seiner Endung „*-heim*“ auf eine frühe Gründung in alamannisch-fränkischer Zeit schließen lässt, als „Siedlung/Heim des Munzo“. Um 1109 lesen wir von einem Wolfram von Muncenheim, was auf die frühe Existenz eines Ortsadels hinweist. Dieser erhielt die Ortsherrschaft als Lehen und zwar von den Grafen von Eberstein, die um 1200 im Besitz von Münzesheim waren. 1283 wechselte die Herrschaft von Otto von Eberstein zu Markgraf Rudolf von Baden, einem Schwager des Ebersteiners. Der Ortsadel starb aus, die *Hofwarte von Kirchheim* wurden in das Lehen eingesetzt. Sie waren in eine Fehde mit Speyer verwickelt, in welcher die Wasserburg auf der rechten Seite der Kraich zerstört wurde. Auch das Schloss fiel kriegerischen Auseinandersetzungen zum Opfer. Das war im Bauernkrieg des Jahres 1525. Eine Urkunde von 1537 gibt einen kleinen Einblick in das Dorf: Die Gemeinde zählte 528 Einwohner unter denen sich auch Juden befanden. 100 Jahre später, am Ende des 30jährigen Krieges zählte man noch 15 Einwohner! Auch hier kam erst mit der erbetenen Einwanderung von Schweizern neues Leben ins Dorf. Münzesheim war in der Reformationszeit unter dem Markgrafen von Baden-Durlach evangelisch geworden. Eine Synagoge für die jüdischen Einwohner wurde in der ersten Hälfte des 18. Jahrhunderts erbaut. Gegen willkürliche Erhöhung der Steuern und der Frondienstleistungen zeigten die Bürger „beharrlichen Ungehorsam“. Die gerichtlichen Auseinandersetzungen konnten erst 1762 mit einem „Gnadenbrief“ des Markgrafen beendet werden. Heute ist das „Dorf der Fachwerkhäuser“ Sitz der Verwaltung der Stadt Kraichtal.

Stadtteil Neuenbürg

1241 erstmals erwähnt, befand sich *novum castrum* auf Öwisheimer Markung. Hier entstand um die „neue Burg“ des Grafen von Eberstein eine Siedlung, mit der er die adeligen Herren von Remchingen 1331 belehnte. Das Wahrzeichen, das Neuenbürg noch heute überragt, ist der Kirchturm: Sein Untergeschoss war der Bergfried der zerstörten Wasserburg. Einige Schießscharten erinnern noch an diesen Vorgängerbau. Die Ebersteiner Grafen waren 1268 ihrerseits vom Fürstbischof von Speyer belehnt worden, der insofern in herrschaftlicher Hinsicht das letzte Wort hatte. Die Folge war, dass nach dem Aussterben der Herren von Remchingen im Jahre 1657 das Bistum Speyer „die Huldigung erzwungen habe". Bis zur Auflösung des Fürstbistums im Jahre 1803 blieb Neuenbürg unter dieser Herrschaft und wurde wieder weitgehend in die katholische Kirche zurückgeführt.

Stadtteil Oberacker

Durch eine Schenkungsurkunde zugunsten des Hochstifts Speyer von 1050 tritt *Oberachere* ins Licht der Geschichte. Mit *Gerhardus von Oberacker* kommt 1081 auch ein Ortsadel, also die untere Ortsherrschaft in den Blick. Ihre Residenz, eine Burg, kann man westlich des Dorfes im Gewann „Burgberg" vermuten. 1288 jedoch verkaufte Bischof Otto von Speyer/ Bruchsal den Ort mit allem Besitz und allen Rechten an das Kloster Herrenalb. Mit dem Verkauf ergab sich später eine Entwicklung, die in der Reformationszeit zum Tragen kam. Das Kloster Herrenalb wurde im evangelisch gewordenen Herzogtum Württemberg aufgelöst, sein Besitz ging in württembergische Verwaltung über. So wurde Oberacker württembergisch und seine Einwohner evangelisch. Am Beispiel gerade auch dieser heutigen Stadtteile von Kraichtal lässt sich eindrucksvoll zeigen, von welchen Zufällen die grundsätzlichen Glaubenswege der Menschen abhingen, die ihr Leben und ihre Tradition in Jahrhunderten prägen sollten. Aus vorreformatorischer Zeit stammen die Fresken im Chor der Sankt Andreaskirche. Keine großen Unterschiede zwischen evangelischen und katholischen Orten machten die Kriegsherren und ihre Söldner. Alle Orte, auch das kleine Oberacker erlebten Gewalt und bitteres Leid im großen 30jährigen Krieg. Wer nicht umkam, floh in die Wälder. An ein geregeltes Bestellen der Felder war in Jahren nicht mehr zu denken. Die Fluren verödeten. Es dauerte lange, bis sich das Leben im Dorf und in der Region wieder normalisieren konnte. Kein Mensch hätte sich träumen lassen, dass einstmals in fernen Zeiten die Gemeinde Oberacker im Wettbewerb „Unser Dorf soll schöner werden" einen Sieg erringen könnte. Das war im Jahre 1967.

Autohaus Frank

Meisterqualität seit 1967!

Jedermannstraße 2, Kraichtal-Neuenbürg

1999

KFZ-Meister Günther Frank erfüllte sich 1967 seinen lang gehegten Wunsch nach Selbstständigkeit und eröffnete eine Reparaturwerkstatt für alle Fahrzeugfabrikate sowie eine Tankstelle. In den Anfangszeiten erledigte er unermüdlich alleine alle anfallenden Arbeiten. Ein weiteres Standbein war ein Zubringerdienst, um den sich seine Frau Margareta engagiert kümmerte. Mit einem kleinen Bus mit ca. 9 Sitzplätzen fuhr sie 10 bis 12 mal täglich zum Bahnhof nach Oberöwisheim. Ebenso holte sie die Kinder von den Aussiedlerhöfen ab, fuhr sie zur Schule und brachte sie wieder nach Hause.

Sohn Eugen Frank fand großes Interesse am Beruf seines Vaters und begann 1973 seine Lehre zum KFZ-Mechaniker im elterlichen Betrieb.

1975 begann das Familienunternehmen mit dem Verkauf von Neuwagen und wurde als Toyota Vertragswerkstatt tätig.

1981 absolvierte Eugen Frank erfolgreich seine KFZ-Meisterprüfung in Karlsruhe. 1987 übernahmen er und seine Frau Eva-Maria den elterlichen Betrieb. Als gelernte Bürokauffrau steht Eva-Maria ihrem Mann seitdem tatkräftig zur Seite und kümmert sich um den gesamten Bürobetrieb. Seit demselben Jahr bildet das Unternehmen regelmäßig Lehrlinge aus und beschäftigt einen Gesellen.

1987 trat Eugen Franks Bruder, Ulrich Frank, in den Betrieb ein und arbeitet seitdem als kompetenter Servicetechniker in der Werkstatt. Im Mai 2012 kann er mit Stolz seine 25-jährige Betriebszugehörigkeit feiern.

Nach vielen Jahren wurde 1996 schließlich der Zubringerdienst eingestellt. 1999 wurde die Tankstelle geschlossen und zurückgebaut und ein Ausstellungsraum für Neufahrzeuge erbaut, der im Oktober 1999 eröffnet wurde.

2007 wurde die Werkstatt um ca. 100 m² erweitert. Im Jahr darauf unterzeichnete Eugen Frank einen Vertrag als „Trost-Mehrmarkenwerkstatt“, so dass alle Fahrzeugfabrikate gewartet und instandgesetzt werden können.

Der Familienbetrieb Frank zeichnet sich aus durch den persönlichen Kontakt zum Kunden und seinem Fahrzeug. Etwas, das große Autohäuser und Reparaturketten leider oft vermissen lassen. Beim Autohaus Frank kennt man den Kunden und sein Fahrzeug ganz genau und steht mit seinem Namen für Qualität und Professionalität aller Arbeiten. Darauf können sich die zahlreichen, zufriedenen Kunden, die heute aus einem Umkreis von ca. 30 km kommen, jederzeit verlassen.

Eugen Frank und sein erfahrenes Mitarbeiterteam sind der kompetente Ansprechpartner für die Vermittlung von Neuwagen der Marke Toyota, aber auch von Gebrauchtwagen aller Marken. Eugen Frank bietet seinen Kunden aber auch zusätzlich einen ganz besonderen Service: Mit einem europaweiten Suchdienst ermittelt er, außer Oldtimern, die unterschiedlichsten speziellen Fahrzeuge und besorgt diese mit allen erforderlichen Genehmigungen, Papieren und Garantien. Auch sämtliche Reparatur-, Inspektions- und Servicearbeiten rund ums Auto werden selbstverständlich in Meisterqualität zu fairen Preisen durchgeführt.

Eugen und Eva-Maria Frank sind stolz auf das traditionell gewachsene Familienunternehmen und blicken der Zukunft positiv entgegen.

2012

Damals

Der Ingenieur

Mest fleißig in Gedancken ab,
die Erde zu dem engen Grab,
so wird kein Feind sich schadens wage,
zu der verlangten Herzens Stadt,
wo die bewehrte Tugend hat
ihr festes Lager auffgeschlagen.

Damals

Stadt Kraichtal

Stadtteil Oberöwisheim

Als *Auunisheim* begegnet Öwisheim erstmals im Jahre 771. Noch wird zwischen Ober- und Unteröwisheim nicht unterschieden. Der Ort gehörte lange Zeit zum Domkapitel in Speyer. Als Ortsherren traten die *Herren von Öwisheim* auf. Die Teilung des Dorfes geht auf das Jahr 1214 zurück. Damals war ein Craft von Öwisheim als Ministeriale in den Dienst des Grafen von Eberstein getreten. Damals ist wahrscheinlich auch die Öwisheimer Burg gebaut worden. Nach dem Aussterben dieses Adelsgeschlechts im 15. Jahrhundert traten die *Herren von Helmstatt* deren Erbe an. Doch blieben einige Ortsrechte beim Bistum Speyer. Das hatte in der Reformationszeit zur Folge, dass die konfessionelle Spaltung quer durch die Gemeinde ging. Zwistigkeiten konnten erst 1714 beigelegt werden. Zeugen dieser verschiedenen Herrschaften

sind geblieben: Die evangelische St.-Mauritiuskirche mit ihrer Außenkanzel von 1477 und das ehemalige Speyerer Amtshaus von 1751, das auf die Herrschaft des Domkapitels verweist.

(61 links) Kraichtal-Unteröwisheim. Die eindrucksvolle klassizistische Kirche ist in der badisch-großherzoglichen Zeit erbaut worden.
(62 oben) Kraichtal-Oberöwisheim. Das ehemalige Speyerische Amtshaus.

Stadtteil Unteröwisheim

Bis zum Jahr 1250 ist die Geschichte der beiden Öwisheim identisch. Dann kann sich das Kloster Maulbronn durch eine markgräflich-badische Schenkung Orts- und Patronatsherrschaft über das halbe Dorf sichern; die Ortsteilung wird vollzogen. Der Unteröwisheimer Johann Entenfuß wird als Abt von Maulbronn (1512 - 1518) durch seine rege Bautätigkeit in Maulbronn berühmt. Bei der Auflösung des Klosters in der Reformationszeit fällt der klösterliche Besitz an das Herzogtum Württemberg, das auch in Unteröwisheim die neue Lehre einführt. Der Maulbronner Pfleghof im Ort ist erhalten geblieben und zum architektonischen Zeugen für diese alte Zusammengehörigkeit geworden. Der ehemalige Maulbronner Pfleghof, „Schloss" genannt, wurde später als Schule genutzt. Heute befindet sich hier eine Tagungsstätte.

Damals

Kronau

Im Jahre 1289 wurde eine Urkunde unterzeichnet, in welcher der Ort *Kronau* zum ersten mal erwähnt wird. Solche Nennungen haben in der Regel nichts mit der Gründung zu tun, sind eher zufällig. Zwei Jahrhunderte früher gibt es ein anderes Datum, das sicher auch für Kronau von Bedeutung ist: 1056 schenkte Kaiser Heinrich III. dem Bistum Speyer die Lußhardt, weil er gerne den Dom zu Speyer zur Grablege der Salierkaiser machen wollte. Man darf davon ausgehen, dass an diesem Tag auch Kronau in der Lußhardt in den Herrschaftsbereich des Fürstbischofs von Speyer kam und fast 800 Jahre darin blieb, bis 1803 in der Säkularisation die geistlichen Territorien aufgelöst und das rechtsrheinische Gebiet des speyerischen Hochstifts dem Großherzogtum Baden zugeschlagen worden ist. In den

Damals

(63 links) Das alte Forsthaus, 1750 erbaut von Fürstbischof Franz Christoph von Hutten.
(64 oben) Kronau. Das Rathaus musste durch bauliche Erweiterung den gewachsenen Aufgaben gerecht werden.

Jahrhunderten speyerischer Zugehörigkeit, hatte Kronau auch dessen Schicksal mitzutragen. Die Nähe zur immer wieder heiß umstrittenen Festung Udenheim / Philippsburg brachte dem kleinen Ort Auf- und Durchmärsche verwilderter Soldateska. In den sozialen Unruhen des 16. Jhs. Bundschuh und Bauernkrieg waren auch Kronauer Bauern beteiligt, weil sie sich von ihren Landesherren ausgebeutet gefühlt haben. Die Bauern zogen letztlich den kürzeren. Im 30jährigen Krieg waren von 90 Haushalten in Kronau bei Kriegsende noch 8 übrig geblieben. 100 Jahre später ließ Fürstbischof von Hutten in Kronau das heute noch existierende Forsthaus bauen. Er war ein passionierter Jäger und lud zu herrschaftlichen Jagden ein. Was werden die Kronauer dabei zu sehen bekommen haben, wenn man sie als Treiber in die wildreichen Wälder geschickt hat?

Gemeinde Kürnbach

Die früheste Erwähnung des Ortes findet sich mit der Jahreszahl 1278 in einem Grundbuch des Klosters Weißenburg. Daraus geht hervor, dass Kürnbach damals schon drei Jahrhunderte im Besitz dieses Reichsklosters im Elsass war. Später erfährt man von einem Ortsadel, der sich zunächst nach dem Ort Kürnbach, dann nach seiner Stammburg *Sternenfels* benannte. Mit dem Niedergang der Staufer, zu dessen Lehensleuten die Sternenfelser gehörten, verarmte dieses Geschlecht und verkaufte deshalb um das Jahr 1300 zwei Drittel von Kürnbach als Lehen an das begüterte Rittergeschlecht derer von Katzenelnbogen. Wenig später ging der Rest als Lehen an das Haus Württemberg. 1479 fiel nach dem Aussterben der katzenelnbogener Linie das Kürnbacher Lehen an den Landgrafen von Hessen. So ergab sich aus dieser Konstellation eine staatsrechtliche Kuriosität: Kürnbach wurde von nun an für Jahrhunderte von zwei Staaten

(65) Kürnbach. In der evangelischen Michaelskirche befindet sich ein bedeutendes Renaissance-Epitaph der Ritter von Sternenfels.

verwaltet, von Hessen und Württemberg bzw. Baden (in napoleonischer Zeit wurde der württembergische Teil badisch). In dieser sogenannten *Kondominatszeit* hatte Kürnbach 2 Bürgermeister, 2 Standesämter, 2 Keltern (die noch heute an diese Zeit erinnern), alles doppelt. Die auf 6 Jahre gewählten Bürgermeister wechselten sich ab; jeder durfte für 3 Jahre der „regierende“ sein. Erst mit Beginn des Jahres 1905 konnte das Kondominat beendet werden. Es heißt, erst lange und zähe Verhandlungen zwischen Hessen und Baden haben diese 600 Jahre währende Doppelherrschaft beenden können.

Kürnbach wirbt heute mit dem Logo „das Schwarzrieslingdorf“ und signalisiert damit Lebenfreude. Im Naturpark *Stromberg-Heuchelberg* gelegen, verkehrsmäßig gleichzeitig gut erschlossen, empfiehlt sich *Kürnbach* Fremden wie Einheimnischen.

(66) Kürnbach. Fachwerkhäuser prägen das historische Ortsbild.

Damals

Linkenheim - Hochstetten

Der Zusammenschluss der beiden Orte zu der neuen Gemeinde *Linkenheim-Hochstetten* erfolgte 1975 im Zuge der allgemeinen Gemeindereform. Jeder der beiden Ortsteile hat indes eine lange eigene Geschichte. Linkenheim gehört, wie die Namensendung *-heim* nahelegt, zu den frühen fränkischen Gründungen im 6. /7. Jh. Eine erste urkundliche Erwähnung findet sich in einer Grundbuchurkunde des Reichsklosters Lorsch aus dem Jahr 777. Solche Nennungen sind meist sehr zufällig, etwa an beurkundete Schenkungen gebunden. Deshalb besagt die viel spätere schriftliche Bezeugung des Ortes Hochstetten im Jahre 1103 nichts über das tatsächliche Alter der Siedlung. Geschichtsforscher gehen vielmehr davon aus, dass „die beiden Ortsteile aus der gleichen Zelle entstanden sind“. Dennoch erga-

(67) Linkenheim. Ortsbild mit katholischer Kirche. Ein Zug des Karlsruher Straßenbahnnetzes quert gerade die Straße.

ben sich später ganz unterschiedliche politische Zugehörigkeiten. Wenn Hochstetten in der Reformationszeit eine protestantische Prägung erfahren hat, Linkenheim jedoch katholisch blieb so deshalb, weil ersteres zum Gebiet des Baden-Durlacher Markgrafen, letzteres zum Hochstift des speyerischen Fürstbischofs gehörte. Seit 1803 als die geistlichen Territorien abgeschafft worden waren, zählten die rechtsrheinischen Orte und Ländereien zum Großherzogtum Baden. Linkenheim und Hochstetten hatten seither einen gemeinsamen Landesherrn. Länderkorrekturen gab es seither nur noch im Zusammenhang der Rheinregulierung. Diese bescherte den beiden Gemeinden einen beträchtlichen Gebietszuwachs. Ein Beispiel dafür ist die Insel Rott, Land, das vorher zur linken, pfälzischen Rheinseite gehörte. Die Pfalz, und das war damals die bayerische Staatsregierung, trat allerdings nur zögerlich und auf Umwegen ihre Besitzrechte ab.

(68) Blick auf die evangelische Kirche in Hochstetten

Malsch

Anfang der 1970er Jahre wurden drei ehemals selbständige Gemeinden im Zuge der Gemeindereform nach Malsch eingegliedert:

Sulzbach, der kleinste Ortsteil, wird 1115 erstmals urkundlich erwähnt. Die ersten Siedler kamen allerdings Jahrhunderte früher, wie Bodenfunde erzählen. Auch konnte nachgewiesen werden, dass eine Römerstraße quer durch den Ort verlief. Römische Mauerreste und der Fund eines Weihesteins geben davon Zeugnis. Eine Besonderheit des Ortes: Noch 1955 wurde in Sulzbach Wasser aus zehn Brunnen geholt.

Völkersbach. Die hoch über dem Rheintal gelegene Gemeinde gehörte

(69) Die Malscher Kirche „thront" hoch über dem Ort. Die Anlage lässt an eine ehemalige Wehrkirche denken.

schon 1254 zum Benediktinerinnenkloster Frauenalb und blieb über ein halbes Jahrtausend bis 1803 in dessen Abhängigkeit. Ein Wappen am dortigen Rathaus weist mit großer Deutlichkeit auf diese Verhältnisse hin.

(70) Wappen am Rathaus von Malsch-Völkersbach. Der Hinweis auf das Kloster Frauenalb ist unübersehbar: Wer hat einst die Ortsrechte ausgeübt?

Waldprechtsweier findet man erstmals in einer Urkunde von 1065 als 'Albratheswilre', vermutlich nach einem gräflichen Ortsgründer namens Albrecht. Auch dieser Ortsteil hatte mit dem Kloster Weißenburg einst eine geistliche Ortsherrschaft, kam aber schließlich ebenfalls und nach manchen Wechseln zum Großherzogtum Baden.

Auch *Malsch*, die Kerngemeinde, wird 1065 erstmals erwähnt und auch sie gehörte einst zum Kloster Weißenburg im Elsass. Vermutlich geht die Ortsgründung auf die Kelten zurück, die in dieser Hanglage optimale Bedingungen fanden. Wie die meisten Orte in der Region hatte auch Malsch unter Krieg und Seuchen zu leiden. 1623 lebten hier gerade noch 300 Menschen. Eine Besonderheit: In Malsch durften Juden, wie auch in Ettlingen, das Wohnrecht erhalten. Die Anfang des 19. Jhs. erbaute Synagoge wurde im Holocaust vernichtet. 2008 gedachten die Bürger ihrer vertriebenen und ermordeten jüdischen Mitbürger.

Marxzell

1971 schlossen sich die drei Gemeinden *Burbach, Pfaffenrot* und *Schielberg*, die drei „Höhendörfer" im Zuge der Gemeindereform zusammen und wählten als neuen Namen *Marxzell*. Das war die kleinste Siedlung, sie lag unten im Tal, aber sie gehörte zur Markung aller drei Dörfer. Und sie war womöglich die äl-

teste Gründung von allen. Jedenfalls hatte Marxzell schon von alters her eine geistliche, wie auch wirtschaftliche Zentralfunktion. 1255 erstmals als „Celle" urkundlich erwähnt, wird an eine klösterliche Gründung zu denken sein, vielleicht die allererste im Albtal. Auch eine Mühle wird 1255 erwähnt, die „Burbacher mulin", und hier mussten die Bauern aller drei Gemeinden ihr Getreide mahlen lassen. Auch die Kirche hatte diese Mittelpunktsfunktion bis nach dem 30jährigen Krieg, wo die Pfarrei nach Burbach verlegt worden war.

Die drei Höhendörfer sind als Rodungssiedlungen entstanden. Interesse daran hatten adelige Herrschaften, die im Mittelalter ihr Territorium und so auch ihre Machtposition ausbauen wollten. Im Falle des Albtales handelte es sich um das hochadelige Geschlecht der Ebersteiner, die schon im Murgtal, aber vor allem im Kraichgau begütert waren. Auf sie geht auch die Gründung des Frauenklosters *Frauenalb* zurück, welches die Geschicke der heutigen Marxzeller Ortsteile über 600 Jahre lang nachhaltig prägen und bestimmen sollte. Die Orte wurden zur Sicherung der wirtschaftlichen Existenz des Klosters in die Gründung mit eingebracht oder bald darauf hinzu erworben. Neben den Höfen und Gütern gehörten dazu vor allem die großen Wälder. Die Äbtissin war die „rechte Herrin“ über die Dörfer, auch in allen Rechtsfragen. Ihr hatten die Untertanen bei Amtsantritt zu huldigen.

(71 links unten) Marxzell. Blick auf Kirche und alte Mühle

(72 links oben) Sehr bekannt ist sein Automuseum

(73 oben) Marxzell - Burbach, eines der „Höhendörfer“

Damals

Gemeinde Oberderdingen

Als *Tardingen* wird der Ort schon im Jahre 766 erstmals erwähnt in einer Schenkungsurkunde des Reichsklosters Lorsch. Aus dem 9. Jahrhundert weiß man vom Bau einer Eigenkirche im Oberdorf und von einem dem Hl. Petrus geweihten Kirchlein in Unterderdingen. Im 10. Jh. wird ein „Selhof" erwähnt, bei dem es sich wahrscheinlich um den späteren Amthof im Oberdorf handelt. Ab dem 13 Jh. tritt das Kloster Herrenalb als Grundherr in Oberderdingen auf. Besonders hingewiesen wird schon 1227 auf einen Weinberg, mit dem die lange und berühmte Tradition des Klosterweins bis in die heutige Zeit reicht. Im Laufe der Zeit brachte das Kloster Herrenalb in dem Ort alle Rechte an sich und gründete 1480 ein klösterliches Stabamt: 7 Dörfer der Umgebung standen nun unter der Verwaltung und Gerichtsbarkeit Herrenalbs. Sie hatten als Steuer den Zehnten abzuliefern von allem „was der Halm trug", natürlich auch von den

(74) Der Oberderdinger Glockenturm war ehemals Kornkasten des Herrenalber Pfleghofs. (Ältestes Gebäude des Orts)

Weinreben. Der Reichskrieg von 1504 gegen die Pfalz brachte Oberderdingen eine neue Herrschaft. Zu den Kriegsgewinnern gehörte auch Herzog Ulrich von Württemberg, unter dessen Regiment nicht nur Herrenalb, sondern auch Oberderdingen kam. In der Reformation trat der württembergische Herzog auf die protestantische Seite, das Kloster wurde verweltlicht, in Oberderdingen, die Reformation eingeführt. Auf eine Geschichte der Bewahrung mitten im mörderischen 30jährigen Krieg geht der Brauch des Lichtmessreitens zurück. Der große Krieg hatte auch in dieser Region viel verwüstetes Land zurückgelassen, es fehlten die Menschen, es wieder zu bebauen. Da kamen 1699 die 3000 Glaubensflüchtlinge aus Piemont gerade recht, die der Herzog in seinem Land siedeln ließ. Damals entstand auch *Großvillars*, dem noch heute die Siedlungsweise der Waldenser anzusehen ist.

In der Gemeindereform von 1973 wurden Oberderdingen, Großvillars und Flehingen zu einer Gemeinde *Oberderdingen* zusammengeschlossen. Auch der Ortsteil *Flehingen* kann auf eine uralte, bewegte Geschichte zurückblicken. Davon zeugen noch das Flehinger Wasserschloss und die gotische Grabkirche von Sickingen.

(75) Dieses Tor war der (mit einer Zugbrücke gesicherte) Zugang zum Herrenalber Amtshof. Blick zur ehemaligen Amtsschreiberei

Heilbronner Straße 61, Oberderdingen/Großvillars

Wasser im Garten bringt reine Freude und bietet Entspannung pur!

Bei Peter Kruse und seinem erfahrenem Mitarbeiterteam ist Ihr Garten in guten Händen. Als Meisterbetrieb mit langjähriger Erfahrung planen, bauen und pflegen sie Ihren grünen Lebens(t)raum - vom Kleingarten bis zur großzügigen Parkanlage... Kurz gesagt: Gärten aus Meisterhand.

Träumen Sie nicht länger von Ihrem Wunschgarten, sondern lassen Sie Ihren Gartentraum wahr werden! Peter Kruse und seine Fachleute geben Ihren Visionen ein Gesicht und erarbeiten vom Übersichtsplan bis hin zur Detailplanung ganz nach Ihren Wünschen und den Gegebenheiten Ihres Grundstückes den Garten, der zu Ihnen passt. Gerne unterstützen sie Sie auch bei der Ausführung oder beraten Sie bei der Eigenleistung. Sie stehen aber auch Hochbauarchitekten bei der Planung von öffentlichen Grün- oder Außenanlagen von öffentlichen Gebäuden mit Rat und Tat zur Seite.

Gartengestaltung ist ein Thema mit unendlicher Vielfalt. Strenge formale Linien, verspieltes Ambiente, verschlungene Wege, geheimnisvolle Plätze, natürliche Fülle, geordnetes Chaos, sachliches Grün – das alles und noch viel mehr kann einen Garten ausmachen.

Verschiedenste Gestaltungselemente wie Mauern, Treppen, Palisaden, Stelen, Zäune und Sichtschutzelemente helfen gliedern, setzen Akzente, bilden Einheiten und geben dem Garten individuellen Charakter. Wasser im Garten, sei es als Teich, Pool oder plätschernder Quellstein, schafft Oasen der Erholung.

Mauern und Treppen haben die eindeutige Funktion, Höhenunterschiede zu überwinden, Böschungen abzufangen und Grenzen zu bilden. Sie sind aber auch Gestaltungselemente, die der Anlage ihr einmaliges Gepräge geben, wobei Farbe, Form und Material deutliche Akzente setzen.

Wege verbinden die Straße mit dem Eingang, die Terrasse mit dem Gartenteich, das Staudenbeet mit Gemüsebeet und vieles mehr. Dazwischen laden Plätze zum Verweilen ein oder bieten funktionale Bereiche. Egal ob im privaten Garten oder öffentlichen Bereich und aus welchem Material. Es kommt darauf an, was daraus gemacht wird! Dabei gehört dem Naturstein die besondere Leidenschaft von Peter Kruse und seinem Mitarbeiterteam. Treppen, Mauern oder Beläge in Stein führen sie fachgerecht aus.

Zäune und Sichtschutzelemente ziehen funktionale Grenzen.

Stützmauer aus Jura-Quadern

Pool mit mediterraner Bepflanzung

Sie schaffen aber auch Privatheit mit lauschigen Plätzchen zum Plauschen und Träumen. Peter Kruse berät Sie gerne über die passende Ausstattung Ihres Gartens mit Möbeln und Bänken von der großzügigen Möblierung einer Terrasse bis hin zum verträumten Bänkchen am Teich.

Wasser im Garten bringt reine Freude! Ob als Gestaltungselement oder Lebensraum für Mensch, Tier und Pflanze: Leises Plätschern, Lichtspiegelungen im Wellenspiel, schwirrende Libellen, bizarre Eiswelten ... Wasser lädt ein zum Verweilen, zum Ausruhen, Beobachten, Eintauchen. Naturteich, Koibecken oder Schwimmteich & Co., Wasserlauf oder Kaskade, Quellstein oder Brunnen sind eine Erlebniswelt im Alltag und bieten Entspannung pur. Profitieren Sie von Peter Kruses langjähriger Erfahrung bezüglich Anlage, Bauweise und der richtigen Filtertechnik, damit die Freude an Ihrem Wasserparadies ungetrübt bleibt.

Man könnte den Garten so schön genießen, wenn man nicht so oft mit dem Gießen beschäftigt wäre. Damit Sie sich entspannt im Gartenstuhl zurücklehnen können, berät Sie Peter Kruse als Competence Partner der Firma Gardena gerne über Sprinkleranlagen oder Micro Drip. Er und seine Fachleute finden für jeden Garten das richtige Bewässerungssystem und planen und konzipieren eine maßgeschneiderte Lösung. Dabei verwenden sie ausschließlich 1 Zoll Profizubehör, da hier der Reibungsverlust am geringsten ist und die Anlagen über den größtmöglichen Einsatzbereich verfügen. Selbstverständlich übernehmen sie auch die Wartung bestehender Anlagen.

Damit Ihr Garten Ihr Naherholungsgebiet bleibt, wo Sie entspannen können, übernehmen Peter Kruse und seine Profis gerne die Pflege wie Mäharbeiten, Baum- und Gehölzschnitt, Rasenpflege und alle anderen anfallenden Arbeiten. Auch bei einer Schadbilderkennung helfen sie Ihnen mit ihrer Sachkenntnis und Erfahrung weiter. Mit speziellen PH-Messgeräten führen sie Bodenanalysen durch und bestimmen so den Säuregehalt des Bodens. Damit können sie sichere Düngeempfehlungen geben. Mit dem Photometer bestimmen sie die Konzentration der Nährstoffe im Boden oder Wasser. Sie können sich auch auf ihre Fach- und Sachkenntnis im Pflanzenschutz, der heute sehr groß geschrieben wird, verlassen.

Wasserspiel

Ihr Garten oder Ihre Anlage ist geplant und nun geht es an die Ausführung? Sie möchten nur einen Ansprechpartner für Alles? Dann sind Sie bei Peter Kruse und seinen Fachleuten an der richtigen Adresse. Damit Sie den Kopf freibehalten, übernehmen sie vom ersten Spatenstich bis zur richtigen Beleuchtung die Koordination mit den anderen Gewerken, die zur Realisierung Ihres Traumgartens Hand in Hand arbeiten werden. Eine professionelle und fachlich kompetente Baubetreuung gehört zum tagtäglichen Geschäft. Ausschreibungen nach VOB oder BGB und Koordination der Gewerke, Qualitätskontrolle, Aufmaß und Rechnungsprüfung bekommen Sie alles aus einer Hand.

Peter Kruse und seine Profis können aber auch größer. Bepflanzungen von Neubaugebieten oder auch Bachrenaturierungen werden von ihnen fachmännisch ausgeführt. Baumkataster oder Ursprungssicherung vor Baubeginn gehören ebenso wie Kinderspielplätze, inkl. Abnahme durch GuV, zu ihren Tätigkeitsbereichen.

Peter Kruse hat von 1981 bis 1984 eine Lehre als Gärtner für „Garten-, Landschafts- und Sportplatzbau" absolviert. Im Jahr 1992 legte er die Meisterprüfung ab und ist auch seitdem staatl. anerkannter Ausbilder. Seit 1998 ist Peter Kruse Prüfungsmeister für den Garten- und Landschaftsbau und ständiges Mitglied des Prüfungsausschusses.

Lassen Sie sich inspirieren unter: *www.kruse-garten.de*

Mediterraner Treppeneingang

Damals

Oberderdingen und Ortsteil Flehingen

(76) Oberderdingen. Durch Mauern gesichert war der Herrenalber Amtshof, was ihn in den kriegerischen Auseinandersetzungen aber nicht unverwundbar gemacht hat.

Damals

(77) Im Ortsteil Flehingen überrascht das Schloss, das 1368 vom Geschlecht derer von Sickingen gebaut worden ist. Heute befindet sich hier ein Bildungszentrum.

Oharek GmbH

Logistik & Transporte

Gochsheimer Straße 95, Oberderdingen

OHAREK

SPEDITION • LOGISTIK • LAGERUNG

Erfahren Sie mehr Wissenswertes unter: www.oharek-gmbh.de

Oharek GmbH, Logistik & Transporte - Ihr zuverlässiger Partner für nationale und internationale Transportlösungen.

„Clever transportieren!" ist der Leitsatz des leistungsstarken Familienunternehmens Oharek GmbH im alten Gewerbegebiet Oberderdingen-Flehingen. Dies ist zugleich ein Versprechen, auf das sich ihre zahlreichen zufriedenen Kunden bereits seit dem Jahre 2004 verlassen können.

Armin Oharek gründete 2004 die Oharek GmbH, nachdem er eine Ausbildung zum Speditionskaufmann bei der Hans Schäfer GmbH erfolgreich absolviert hatte. Während seiner Ausbildung zum Speditionskaufmann machte Armin Oharek die „Prüfung der fachlichen Eignung zur Führung von Unternehmen des Güterkraftverkehrs" bei der IHK. Bald darauf beantragte und erhielt man die EU-Lizenz für den gewerblichen Güterverkehr, welche die persönliche Zuverlässigkeit, die finanzielle Leistungsfähigkeit sowie die fachlich Eignung eines Antragstellers voraussetzt.

Der Vater von Armin Oharek führte damals schon eine Firma und Armin Oharek entschloss sich, eine Lehre als Speditionskaufmann zu beginnen, um möglichst viel Erfahrung im Speditionsgewerbe zu bekommen.

Ein Kunde aus dem Mineralölbereich brachte Herrn Oharek auf die Idee, sich als Spediteur selbstständig zu machen, zumal dieser Mineralölbereich in der Zeit sehr ruhig war. Also wurde kurzerhand eine Trailer angemietet und „los ging es". Zu Beginn zählten zum Kundenkreis ausschließlich andere Speditionen, für die man als „Subunternehmer" tätig war. Durch die Zuverlässigkeit und Termintreue der Oharek GmbH kamen alsbald neue eigene Kunden aus verschiedenen Branchen hinzu. Dies bedeutete aber auch, dass die LKW-Flotte „Zug um Zug" erweitert werden musste, um alle im Hause befindlichen Aufträge zur vollsten Zufriedenheit der Kunden ausführen zu können. Zu dieser Zeit generierte man den größten Teil des Umsatzes im Fernverkehr. Hier wurden einige „Linien" im europaweiten Fernverkehr abgedeckt. Für eine große deutsche Handelskette wickelte die Oharek GmbH den Auftrag ab, Teigwaren und Tiernahrung in ganz Frankreich auszuliefern.

Im Kriesenjahr 2009 musste man sich, aufgrund der schleppenden Nachfrage von Transport- und Logistikdienstleistungen, von einigen Fahrzeugen trennen. Dies war jedoch auch eine Chance, die Herr Oharek sofort erkannte, die geschäftlichen Strukturen zu verändern und somit das Geschäft neu zu sondieren.

Mittlerweile ist die Oharek GmbH für namhafte Unternehmen aus der Region tätig. Hierzu zählen u.a. die Fa. Neff GmbH aus Bretten, die BLANCO GmbH aus Oberderdingen, Riel Kunststofftechnik und MAKS Eco Products aus Oberderdingen, aber ebenso für die Papierfabrik Plam aus Wörth. Für die BilfingerBerger SE werden zum Beispiel Windkraftanlagen, für die Eisen-Stahl aus Mannheim Bleche europaweit ausgeliefert.

Mit den heute mittlerweile 25 Mitarbeitern ist die Oharek GmbH spezialisiert auf europaweite Logistik- und Transportlösungen, aber auch zuverlässiger Dienstleister für Eil- und Sondertransporte. So liefert die Oharek GmbH flächendeckend nach ganz Europa und verfügt über Vertragspartner in sämtlichen Regionen Europas. Tagtäglich ist das 25-köpfige, qualifizierte Mitarbeiterteam hochmotiviert im Einsatz, um flexibel, schnell und zuverlässig individuelle Anforderungen zu erfüllen. Hierbei steht der Service am Kunden und dessen persönliche Betreuung im Vordergrund. Ganz egal, ob es sich um Komplett- oder Sammelgutladungen oder um das Zwischenlagern von Waren auf der überdachten und einbruchsicheren Lagerfläche handelt.

Selbstverständlich ist die Oharek GmbH im Besitz von Zertifikaten zur Ladungssicherung für Coiltransporte und durch den Fahrzeugaufbau für speziell zu sichernde Waren.

Spedition Oharek vertraut auf Top-Qualität in allen Bereichen. Daher lautet das Firmenmotto „Handeln statt Reden“. Europaweit vernetzt und auf dem neuesten Stand. Deshalb erfolgen die Wartungen all ihrer Fahrzeuge ausschließlich in Fachwerkstätten wie zum Beispiel bei Mercedes-Benz (S&G) oder bei der Firma Staiger und gehören zu den gewohnheitsmäßigen Standards. In Sachen Reifentechnik vertraut das Unternehmen auf zuverlässige Qualität der Firma Reifenhandel Dreikluft in Eppingen. Gefahren werden ausschließlich LKWs der Marken Mercedes Benz und Volvo. Zusätzliche regelmäßige Schulungen und Qualitätszirkel sind für die Oharek GmbH wichtige Maßnahmen zur Sicherung der Zufriedenheit ihrer Kunden. Armin Ohark ist der Überzeugung: „Wer voranfahren will, sollte immer auf dem neuesten Stand sein!“. Deshalb ist er besonders stolz auf die Einführung des neuen hochmodernen Mercedes Benz Actros ab 2012.

Zum Fuhrpark gehören diverse Kleintransporter, Planen & Koffer LKW(mit Hebebühne), 13,6 Megatrailer (+Coilmulde) mit Planenaufbau und 25 Tonnen Nutzlast, seitliche Schiebeplane mit 3,0 Meter Durchladehöhe, Edscha-Verdeck, komplette ARD-Ausstattung und 13,6 Trautliner (+Coilmulde) mit Planenaufbau und 25 Tonnen Nutzlast, seitliche Schiebeplane mit 2,7 Meter, Edscha-Verdeck und ebenso kompletter ADR-Ausstattung.

die der Kunde zu seiner Zufriedenheit für einen sicheren und zuverlässigen Transport seiner Waren benötigt, wird bei der Oharek GmbH größten Wert darauf gelegt, dass ihre Mitarbeiter stets aktuell geschult werden und ihr neu erworbenes Wissen ins Tagesgeschäft mit einbringen. Diese Schulungen dienen zur Verbesserung der Sicherheit im Straßenverkehr durch die Vermittlung besonderer tätigkeitsbezogener Fertigkeiten und Kenntnisse sowie der Ladungssicherung. Bei der Oharek GmbH gibt es ausgebildete Berufskraftfahrer mit speziellen ADR-Scheinen für die Beförderung gefährlicher Güter. Das Qualitätsmanagementsystem, mit dem Arbeitsabläufe kontinuierlich optimiert werden, spiegelt das Qualitätsbewusstsein der Geschäftsführung und der Mitarbeiter wider.

„Clever transportieren“ mit der Spedition Oharek

Seit der Firmengründung wurde das Leistungsangebot kontinuierlich an die sich ändernden Kundenbedürfnisse angepasst und entsprechend erweitert. Durch ihre Vielseitigkeit und Flexibilität war und ist die Spedition Oharek GmbH am Markt beständig. Alle Fahrzeuge des modernen und umweltfreundlichen Fuhrparks erfüllen die neuesten Abgasnormen.

Um stets eine professionelle und reibungslose Abwicklung aller Aufträge zu gewährleisten,

Das Zusammenspiel von Erfahrung, Professionalität, Flexibilität und Know-how in Kombination mit motivierten Mitarbeitern und zufriedenen Kunden ist die Basis für den bisherigen und zukünftigen Erfolg des traditionsreichen Familienunternehmens.

Der Nagler

**Ein Nagelschmid bin ich genannt/
Mach eisern Negel mit der Hand/
Allerley art auff meim Amboß/
Kurz und Lang/Klein und auch Groß/
Bühnnegel/Schloßnegel/darzu/
Faßnegl/Schuchzweck/ich machen thu/
Halbnegel/Pfennignegel starck/
Find man ben mir/on offenem Marck.**

Bäckerei & Tagescafé Wolfgang Weigel

Natürlicher Genuss der Spitzenklasse!
Flehinger Straße 5, Oberderdingen

Familie Weigel freut sich auf Ihren Besuch!

Die Bäckerei Weigel ist ein liebevoll geführtes Familienunternehmen mit einer Handwerkstradition seit 1989. Backen ist für die Familie Weigel aber nicht nur ein Beruf, sondern ihre Leidenschaft.

Wolfgang Weigel machte von 1978 bis 1981 seine Bäckerlehre und sammelte anschließend als Geselle Erfahrungen in einer anderen Bäckerei bis 1985. Sodann absolvierte er zwei Jahre lang seinen Wehrdienst. Danach arbeitete er wiederum als Bäckergeselle und besuchte nun eineinhalb Jahre lang nebenher die Meisterschule. 1988 bestand er erfolgreich seine Meisterprüfung. 1989 wagte Wolfgang Weigel, der gebürtiger Oberderdinger ist, den Sprung in die Selbstständigkeit. Da aber in Oberderdingen keine geeignete Bäckerei vorhanden war, eröffneten er und seine Frau Ulrike die Bäckerei Weigel in Mühlacker-Enzberg mit sechs Mitarbeitern. 2002 erfolgte der Umzug nach Oberderdingen in eine bestehende Bäckerei, die sie übernehmen konnten.

Kim Weigel, der älteste Sohn von Wolfgang und Ulrike Weigel, hat am 01.09.2005 seine Ausbildung zum Bäcker im elterlichen Unternehmen begonnen und am 31.08.2008 mit Erfolg bestanden. Seitdem arbeitet er engagiert im Betrieb mit und unterstützt tatkräftig seine Eltern.

Schon beim Betreten der Bäckerei mit zugehörigem Tagescafé steigt einem der wohlriechende Duft von Frischgebackenem in die Nase und verführt zu all den unterschiedlichsten Broten, Brezeln und Brötchen, süßen Stückchen, Kuchen und Snacks. Selbstverständlich backen die Weigels all ihre Waren selbst nach alter handwerklicher Tradition und verwenden ausschließlich beste und gesunde Rohstoffe aus der lokalen Umgebung. Erstklassige Zutaten, die Bewahrung alter Rezepturen und die Liebe zum Handwerk sind für sie die Grundvoraussetzung, dass Backwaren von besonderem Geschmack entstehen können. Bäckermeister Weigel entwickelt aber auch immer wieder neue Spezialitäten. Hierzu befragt er vorab seine Kunden, was sie sich Besonderes am Brot oder Brötchen wünschen. So entstanden das schmackhafte „Derdinger Brot“ und das leckere „Fitnessbrötchen“, die es nur in der Bäckerei Weigel gibt.

Familie Weigel liefert ihre Spezialitäten auch gerne zu jedem festlichen Anlass. Nach eingehender Beratung wird auf jeden Kundenwunsch eingegangen und besondere Backwaren, die im Laden nicht erhältlich sind, werden extra hergestellt. Ein Sonderwunsch war z.B. ein 8 Meter langes Brot für einen Polterabend. Damit während der Feier die Leckereien nicht ausgehen, backt Bäckermeister Weigel für den Fall der Fälle immer eine gewisse Reserve. Zu den vielen Kunden, die das Besondere mögen und Wert auf erstklassigen Kundenservice und liebevoll angerichtete Speisen legen, zählen viele Vereine.

Wolfgang und Ulrike Weigel beschäftigen derzeit fünf qualifizierte und freundliche Mitarbeiter und haben seit der Firmengründung 25 jungen begeisterten Menschen eine solide Ausbildung in einem interessanten und uralten, aber auch modernen Handwerk ermöglicht. Sie wollen das Traditionelle in ihrem Handwerk bewahren und gleichzeitig durch ständiges Fortbilden und Weiterentwickeln dem Neuen begegnen. Als Familienbetrieb in ihrer Region sind sie auch sozial engagiert und unterstützen Schulen mit kostenlosen Backwaren zu besonderen Anlässen oder schaffen auf ihre eigenen Kosten Schulbücher für die Erstklässler an.

Damals

Oberhausen - Rheinhausen

(78) Oberhausen. Die klassizistische Kirche St. Philippus und Jakobus, die „ganz im Sinne Weinbrenners" gebaut wurde.

Rechtsrheinisches Gebiet gehörte dem Bischof von Speyer schon seit der kaiserlichen Schenkung von 1056. Seither war das Bistum offenbar immer bestrebt, dieses Territorium durch Zukauf zu erweitern. 1316 ist so ein Kauf beurkundet. Unter den genannten Orten im Bruhrain finden sich auch die beiden Hausen. Eine kaiserliche Bestätigungsurkunde aus dem Jahr 1366 sichert dem Speyerer Bischof für diesen Kauf die Freiheiten, Rechte und Besitzungen seines „Hochstifts Speyer" zu. *(Hausen-*Orte gehören allerdings zu einer viel früheren Siedlungszeit.)
1207 wird urkundlich nur von „Hausen" gesprochen. Eine Nennung von 1256 unterscheidet dann zwischen *Major villa Husen* und *Alia villa Husen in vado* (*dem* 'größeren Dorf Hausen' und dem 'anderen Dorf Hausen an der Furt' d.h. Rheinhausen). Später lautet die Unterscheidung *Ober-* und *Unter-*Hausen, auch begeg-

net man der Bezeichnung *Hausen nahe am Rhein* oder *Hausen an der Fähre*. Trotz aller Unterscheidungen gehörten „die beiden Hausen“ von 1316 bis 1810 kirchlich und kommunal zusammen. Mit der Zugehörigkeit zum Großherzogtum Baden (in welchem die rechtsrheinischen Lande des Speyerer Fürstbistums aufgegangen waren), wurden *Oberhausen* und *Rheinhausen* als zwei Gemeinden geführt. Seit der Gemeindereform gehören sie nun wieder zusammen.

(79) Rheinhausen. Durch einen verschließbaren Damm ist der Ort heute gegen die Hochwasser des nahen Rheins geschützt.

(80 oben rechts) Rheinhausen. Die Störche sind wieder heimisch geworden.

Stadt Östringen

Stadtteile

In der Kreisreform der 70er Jahre des letzten Jahrhunderts kam es zum Zusammenschluss der Kernstadt *Östringen* mit den ehemals selbständigen Gemeinden *Eichelberg, Odenheim* und *Tiefenbach.* Aus dieser kommunalen Vereinigung entstand die Gemeinde Östringen. Ihr wurden am 1. März 1981 vom Bundespräsidenten die *Stadtrechte* verliehen.

(81) Eichelberg. Das sprechende Wappen ist dem Ortsnamen nachgebildet.

Stadtteil Eichelberg

Eichelberg hat Jahrhunderte lang zum Kloster Odenberg gehört. Bei der urkundlichen Ersterwähnung im Jahre 1161 wird mit der Unterschrift Kaiser Barbarossas diese Zugehörigkeit bestätigt. Solche Dörfer bildeten in der Summe die wirtschaftliche Existenzgrundlage von Klöstern. Die riesigen Kornspeicher, wie man sie in Maulbronn oder in Oberderdingen noch heute bestaunen kann, nahmen die landwirtschaftlichen Abgaben auf, die von den Bauern zu erbringen waren. Die schriftlichen Überlieferungen sind im Mittelalter rar und meist von Zufällen abhängig. In der Regel handelt es sich um Schenkungs- oder Verkaufsgeschäfte. Eine solche Urkunde aus dem Jahr 1223 bestätigt, dass das Kloster Odenheim zwölf Bauern in Eichelberg Weinberge gegeben habe. Das lässt Rückschlüsse zu: Einmal, dass hier der Weinbau schon sehr früh gepflegt worden ist, zum andern, dass auch dem Kloster an einer soliden wirtschaftlichen Existenz seiner Bauern gelegen war - ein Geschäft auf Gegenseitigkeit. Mit der Säkularisation kam Eichelberg 1803 zu Baden.

(82) Odenheim. Die barocke St.-Michaelskirche wurde 1728 vollendet. Interessant ist die Darstellung des Erzengels Michael, der nicht, wie in der Tradition und im Ortswappen, den Drachen, sondern den Teufel in Menschengestalt überwindet.

Stadtteil Odenheim

400 Jahre früher als Eichelberg tritt Odenheim (in der Schreibweise *Otemheim*) urkundlich ins Licht der Geschichte. 769 findet sich im Lorscher Codex ein entsprechender Hinweis. Zu diesem frühen Zeitpunkt gab es noch kein Kloster Odenheim. Vielmehr war das *Reichskloster Lorsch* an der Bergstraße auch im Kraichgau sehr begütert. Könige aus dem Geschlecht der Merowinger und Karolinger sahen im Wirken solcher Klöster durchaus die missionarische Hilfe bei der Christianisierung des Landes. Doch sie waren auch Hüter von Tradition und Rechtsnormen und konnten auf diese Weise ihren Beitrag leisten beim Zusammenwachsen des neuen Heiligen Römischen Reichs. Das erfuhren auch die Odenheimer Bauern, die damals fernab von Lorsch auf den klösterlichen Besitzungen lebten und arbeiteten. Jahrhunderte später verband sich der Name Odenheim sozusagen mit einem eigenen Kloster.

Der Holzdrechsler

Ich dreh von Buchßbaum büchßlein/
Zu kleinot und Edlem gestein/
Auch Futtertal/zu Gulden Scheuwrn/
Predigstül/dran man sich kann steuwrn/
Köstlich Stolln/zu Tisch und Betten/
Hämmerstiel/so die Goldschmid hettn/
Auch für die Bauwrn Kugel und Regl/
Wellen/ und auch Steinmetz Schlegl.

Schlosserei Bender

Inhaber Jochen Bender

Karl-Schiller-Straße 3, Östringen

Hochwertige Handwerksarbeit

Die Schlosserei Bender steht mit ihrem guten Namen seit Jahren für hochwertige Handwerksarbeit und ist spezialisiert auf die unterschiedlichsten Metallverarbeitungen im Leichtmetall- und Schlosserhandwerk.

Jochen und Josef Bender hatten lange den Wunsch, Handwerkstraditionen weiterzuführen und sich selbst zu verwirklichen. So gründeten sie am 01.04.2006 den Meisterbetrieb in der Karl-Schiller-Straße 3 in Östringen im Gewerbegebiet Ost.

Jochen Bender machte seine Lehre als Metallbauer vom 01.09.1999 bis zum 28.02.2002 und sammelte anschließend umfassende Berufserfahrungen. Von 2008 bis 2011 absolvierte er erfolgreich seine Ausbildung zum Meister im Metallbauerhandwerk. Seine Prüfung zum internationalen Schweißfachmann bestand er bestens im Juni 2011.

Josef Bender gewann während seiner Ausbildung zum Landmaschinenschlosser ein fundiertes Wissen über seinen Arbeitsbereich und machte nebenher seinen Realschulabschluss auf der Abendschule. Anschließend machte er ein Studium zum Maschinenbau-Ingenieur.

Nachdem die Firmengründer die Schlosserei Bender einige Jahre gemeinsam aufgebaut und positiv vorangebracht hatten, ging Josef Bender in den Ruhestand und verließ das Unternehmen zum 31.12.2011.

Individuelle Anfertigungen

Seit dem 01.01.2012 leitet Jochen Bender als alleiniger Inhaber engagiert den Betrieb, der Mitglied in der Metallinnung ist. Unterstützt wird er von vier qualifizierten und erfahrenen Vollzeitmitarbeitern sowie von seiner Ehefrau im Büro.

Die Schlosserei Bender ist der richtige Ansprechpartner für Neuanfertigungen oder Reparaturarbeiten in den Bereichen der Edelstahlverarbeitung, Geländer, Stahltreppen, Vordächer, Carports und Zaunmontage. Als Fachbetrieb rund um das Metallhandwerk erfüllen Jochen Bender und sein motiviertes Mitarbeiterteam sowohl Privat- als auch Geschäftskunden aus dem Raum Karlsruhe, Heidelberg und Mannheim ihre Wünsche durch Anfertigung individueller Qualitätsarbeit. Dabei steht die enge Zusammenarbeit mit dem Kunden stets im Vordergrund. In einem persönlichen Beratungsgespräch lassen sie sich von den Inspirationen der Kunden leiten, liefern maßgeschneiderte Entwürfe und setzten diese schnell, professionell, zuverlässig und zu fairen Preisen um.

Seit der Firmengründung hat sich der Meisterbetrieb Bender den stetig gestiegenen Anforderungen kontinuierlich angepasst. Mit fachlicher Kompetenz und jahrelanger Erfahrung konnten viele Kunden überzeugt werden. Auch in Zukunft möchte Jochen Bender eine sehr gute Kundenbindung langfristig aufrecht erhalten und absolute Qualitätsarbeit zu fairen Preisen anbieten.

Erfahren Sie mehr unter:
www.bender-schlosserei.de

Stadt Östringen

Stadtteil Odenheim (Forts.)

Das Kloster Odenheim

Im flachen Tal des Katzenbaches an der Verbindungsstraße zwischen Odenheim und Eichelberg liegt der Gutshof des alten Klosters Odenheim.Die ersten Hinweise auf die Gründung der Klosteranlage gehen zurück bis ins Jahr 1108, in dem Benediktinermönche das Kloster erbauten.In seiner Blütezeit um das Jahr 1200 boten die heiligen Hallen nicht nur einen Ort der Einkehr und des Gebets, sondern brachten der Region einen wirtschaftlichen Aufschwung und ein Aufblühen der Ortschaft Odenheim mit sich. Wenn auch heute nicht mehr denkbar, so war das Kloster damals Dreh- und Angelpunkt des Kraichgaus rund um die heutigen Stadtteile von Östringen, Odenheim und Eichelberg. Jedoch zeugen nur noch wenige Gemäuer von der ursprünglichen Größe der Klosteranlage. Außer den Verwaltungsgebäuden und Scheunen lassen noch zwei Wehrtürme, die im näheren Umfeld des Stifterhofs zwischen Obstbäumen hervorragen, die früheren Ausmaße erahnen. Oberirdische Relikte der Klosterkirche und Prälatenkapelle selbst sind nicht mehr zu erkennen. Lediglich unterirdische Steinplatten und Mauerwerk lassen noch auf die Grundrisse schließen.

Die Geschichte des Klosters
Gründungsjahre

Im Jahre 1122 gründeten Graf Bruno von Lauffen, Erzbischof von Trier und sein Bruder Poppo auf den Hausgütern der Grafen von Lauffen in Wigolsberg/Wigoldesberg bei Odenheim ein Benediktinerkloster und statteten es mit großen Besitzungen u.a. in Odenheim, Tiefenbach, Aglasterhausen, Großgartach, einschließlich den dazu gehörenden Kirchen, Gewässern, Mühlen, Leibeigenen usw. aus. Graf Poppo von Lauffen scheint darüber hinaus die Hälfte der Kirche zu Odenheim (bzw. das Zehntbezugsrecht daran) gestiftet zu haben. Im Jahre 1123 gab es die erste urkundliche Erwähnung des Klosters in einer Bestätigungsurkunde der Rechte und Besitzungen durch Kaiser Heinrich V.. Danach stand dem Kloster die freie

Abt- und Vogtwahl zu. 1161 erfolgte die Bestätigung der mittlerweile umfangreichen Besitzungen des Klosters durch Kaiser Friedrich I. (Barbarossa), vor allem im Zabergäu und am Neckar, aber auch in Elsenz, Ubstadt, Hambrücken, Bruchsal, Forst, Rettigheim und Östringen.

Päpstlicher Einfluss und Blütezeit

1184 erlaubte Papst Lucius III. der Benediktinerabtei, die Seelsorge in der Pfarrkirche von Odenheim durch Mönche versehen zu lassen. Die Kirche, deren Güter und deren Zehntbezugsrechte wurden damit dem Kloster einverleibt. 1191 nahm Papst Coelestin III. das Kloster unter seinen Schutz und machte es unabhängig vom Mutterkloster des Benediktinerordens und dem Speyerer Bischof.Um 1200 erlebte das Kloster seine Blütezeit und zog einen wirtschaftlichen Aufschwung des gesamten Ortes Odenheim nach sich. Nach dem Aussterben der Kraichgaugrafen von Lauffen in männlicher Linie 1219 geht die Vogtei über das Kloster Odenheim auf die staufischen Könige über, bezeugt per Urkunde von Kaiser Friedrich II. und wird damit zur Reichsvogtei. 1225 fielen Besitzungen in Waldangelloch, Michelfeld und Zeutern an das Kloster.

Dem Hochstift Speyer zugehörig

Im Jahre 1330 verpfändeten die Herrscher des Heiligen Römischen Reiches ihr Vogteirecht über das Kloster an die Hochwarte von Kirchheim, die auch Besitz in Münzesheim hatten. 1338 erwarb der Bischof von Speyer Gerhard von Ehrenberg die Schirmvogtei über das Kloster und die Einnahmen aus der Kastenvogtei Odenheim für das Hochstift Speyer.Das Kloster erwarb 1385 von den Reichsrittern von Sickingen das Dorf Rohrbach am Gießhübel und 1426 von den Herren von Mentzingen das Dorf Landshausen. Als dem Kloster zugehörend fanden überdies folgende Orte Erwähnung: Odenheim, Tiefenbach, Eichelberg, 1/2 von Waldangelloch, 3/10 von Großgartach, Häfnerhaslach samt Kirchheim (bis 1442). Weiterhin hatte das Kloster zu jener Zeit Besitzungen in Östringen, Michelfeld, Eichtersheim, Waldangelloch, Cleebronn, Elsenz, Massenbachhausen.Im 15. Jahrhundert verfiel mit steigendem materiellen Wohlstand die Moral der Klostermönche. Mehrfach wurde von der geistlichen Obrigkeit versucht, eine Reform durchzuführen, um die Missstände zu beseitigen. Den ersten Versuch machte 1468 der Bischof von Speyer Matthias von Rammung, sein Nachfolger Ludwig von Helmstatt 1472

Stadt Östringen (Fortsetzung Kloster Odenberg)

den zweiten. Alle Bemühungen um die Wiederherstellung einer mönchisch-asketischen Lebensführung scheiterten.

Umwandlung zum Ritterstift und Verlegung nach Bruchsal

Stattdessen wählten die Mönche den bequemeren Weg. Offenbar sahen sich viele Mönche eher als Vertreter der machtpolitischen Interessen ihrer adligen Ursprungsfamilien denn als Mönche und pflegten einen dementsprechenden Lebensstil. Auf Drängen der adligen Mönche und auf dementsprechende Bitten des Kaisers Maximilian I. wandelte Papst Alexander VI. 1494 das Kloster Odenheim in ein freiadliges Stiftskapitel unter Beibehaltung aller Freiheiten, Besitzungen, Rechte und Einkünfte um. Es bestand aus fünf Dignitären (Propst, Dekan, Scholaster, Cantor, Custos) und zwölf Kanonikern (zehn Adlige und zwei Doktoren oder Lizenziaten) sowie sieben, später zehn Vikaren. Der Name Ritterstift ist darauf zurückzuführen, dass der größte Teil der Kanoniker mindestens Ritter sein musste. Der letzte Abt Christoph von Nippenburg (1486–1503) wurde somit zum Stiftspropst, der Prior zum Dekan. In dem im Jahre 1500 gegründeten Oberrheinischen Reichskreis besaß der Propst Sitz und Stimme.Nach Bauernunruhen in der Gegend und Rechtsstreitereien zwischen Odenheim und dem adeligen Ritterstift wurde letzteres 1507 auf Drängen der Stiftsherren und Anordnung des Bischofs von Speyer Philipp I. von Rosenberg nach Bruchsal unter Beibehaltung des Namens Odenheim und der Freiheiten, Besitzungen, Rechte und Einkünfte des Stiftes verlegt. Als Sitz übertrug er dem Stift „frei und voll" die Stadtkirche zu Bruchsal, die den Rang einer Ritterstiftskirche erhielt. Mit dieser Verlegung ging auch der Verlust des Marktrechtes von Odenheim einher. In der ebenfalls 1507 von Odenheim nach Bruchsal verlegten Lateinschule wurden die Ministranten für den Chordienst ausgebildet.Die Güter des Stifts wurden 1516 an sieben Bauern verpachtet, nämlich an Vittenhans, Wendel Tahl, Dietrich Knobloch, Kammerhans, Hans Entzberger, Hans Hugwart und Meyen Wendel.1602

lehnte das Stift eine Bitte der Gemeinde Odenheim ab, ihr in Notzeit 800 Gulden für den Kauf von Frucht zu borgen.Säkularisation 1802/03 fielen die Besitztümer des Ritterstiftes im Zuge der Säkularisation am Oberrhein an Baden. Kirche und Prälatenkapelle wurden abgetragen. Zu sehen sind heute noch ein Hofgut, ein mit Efeu zugewachsener Turmstumpf sowie ein in den Obstwiesen freistehender Turm der mittelalterlichen Anlage.

(Aus: „Leben im Kraichgau“)

(83) Östringen- Odenheim. Rathaus

Am Rathaus findet man den bildlichen Hinweis auf St.Michael, den Drachentöter. Er gehört zum Wappen der Gemeinde.Doch findet sich hier auch noch ein anderer Drachentöter: Der Siegfried des Nibelungenliedes. Auch er soll mit Odenheims Geschichte zu tun haben.

Stadt Östringen - Stadtteil Odenheim (Forts.)

Der Siegfriedbrunnen
in Odenheim

Die heimtückische Ermordung des strahlenden Helden Siegfried durch Hagen von Tronje, von der das Nibelungenlied erzählt, war für die Menschen seit dem Mittelalter eine aufregende Geschichte. In der jüngsten überlieferten Handschrift *C* findet sich eine erstaunlich präzise Ortsangabe dieses Geschehens: ODENHAIN, ein Dorf „vor dem Odenwald". Es ist durchaus denkbar, dass schreibende Mönche des nahen Klosters Odenheim an der Abfassung dieser Handschrift

(84) Steintafel am Siegfriedbrunnen. In dem Text aus dem Nibelungenlied heisst es:

....LIEGT ODENHAIN DORT FLIESSET NOCH DER BRUNNEN....

Damals

(85) Zwischen Östringen und Odenheim findet man rechts der Straße im Wald den Siegfriedbrunnen, eine Anlage, die zum Verweilen einlädt.

beteiligt waren und ihre Ortskenntnis eingebracht haben. Die Forschung ist sich indes recht sicher: Dieser Ort kann nicht gemeint sein. Denn das Verbrechen spielt sich in und um Worms ab, rund 80 km von Odenheim entfernt. Wie sollte die Leiche in der Nacht nach Worms gebracht und schon zur Morgenmette vor Ort gewesen sein? Das war nicht möglich. Im übrigen bestand für einen schnellen Jagdausflug, zu dem Hagen in böser Absicht eingeladen hatte, keinerlei Grund, eine so weite Strecke zu reisen. Aber spielt das wirklich eine Rolle? Es ist ein schöner Gedanke, sich an einem freundlichen Ort mit einer hübsch gefassten Quelle der alten Sagen zu erinnern und ein wenig darüber nachzudenken, dass wir von weit her kommen. Und so beginnt es:

ES IST IN ALTEN MÄREN WUNDERS VIEL GESAIT....

Damals

Stadt Östringen

Stadtteil Östringen

Noch vor Odenheim (769) wurde Östringen (764) früh im Lorscher Codex urkundlich erwähnt. Auf dem Schenkungs- und Erbwege der mittelalterlichen Zeit kam der Ort schließlich zum Hochstift Speyer, also unter den Krummstab des Fürstbischofs. Nicht nur die katholische Geschichte des Ortes war durch diesen Landesherrn vorbesimmt. Denn im Unterschied etwa zum Herzogtum Württemberg durften sich hier auch Menschen jüdischen Glaubens als Schutzjuden ansiedeln. 1721 waren es fünf Familien(Eltern, Kinder, Dienstpersonal). Mitte des 19. Jahrhunderts gehörten mehr als hundert Östringer zur

(86) Östringen. Das freundliche Stadtbild mit seinen vielen schönen Fachwerkhäusern und mit manchen Sehenswürdigkeiten lädt zu einem Besuch ein.

Damals

(87) Östringen. Im zentral gelegenen alten Rathaus ist heute das Heimatmuseum untergebracht.

Stadt Östringen

Stadtteil Östringen (Forts.)

Gemeinde. Die jüdische Gemeinde besaß eine Synagoge mit rituellem Bad und eine eigene Schule. Ihre Toten mussten sie allerdings in Obergrombach beerdigen. Die Juden lebten vom Viehhandel, später kam Gewerbe und industrielles Unternehmertum dazu. Mehrere Zigarrenfabriken machten Östringen weit über die Region hinaus bekannt. Gustav Wolf (1887-1947), der Maler und Graphiker, hat hier seine familiären Wurzeln. Der kulturelle Gewinn, den die Stadt durch die 1994 geschaffene *Gustav-Wolf-Galerie* erlebt, rückt auch den Verlust vor Augen, den Östringen durch die Vertreibung und Vernichtung ihrer jüdischen Mitbürger hinnehmen musste.

(88) Östringen. Die Gustav-Wolf-Kunstgalerie - ein kulturelles Zentrum der Stadt. In einem der ältesten Gebäude hat Östringen 1994 ihrem bedeutenden Sohn, dem Maler und Graphiker Gustav Wolf eine Heimat für sein Werk geschaffen. Er selbst musste als Jude in die Emigration.

Damals

(89) Östringen. Die 1895 im neuromanischen Stil erbaute Pfarrkirche St. Cäcilia wurde wegen ihrer Größe als „Dom des Kraichgaus“ bezeichnet

Stadtteil Tiefenbach

1122 findet sich der Ortsname *Tiephenbach* erstmals in einer mittelalterlichen Urkunde. Vergleichbar mit Eichelberg ist die Geschichte dieser kleinen Siedlung eng mit dem Kloster Odenheim (*Wigoldesberg* beim heutigen Stifterhof) verbunden, zu dessen Besitzungen es gehörte. Die Landeshoheit hatte in dieser Zeit der König inne. Es ist bekannt, dass dieser Tiefenbach im Jahre 1344 an das Reichsrittergeschlecht der Herren von Sickingen verpfändete. Bei der Auflösung der kirchlichen und reichsritterlichen Territorien im Rahmen der Säkularisation kam das Gebiet zum Großherzogtum Baden (1803). Der landschaftlich vom Kreuzberg geprägte Ort hat eine reiche Wein- und Obstanbautradition. Nicht nur der nahe gelegene Kreuzbergsee ist ein beliebtes Ausflugsziel.

Damals

Pfinztal

Die Gemeinde Pfinztal entstand 1974 aus der Fusion der ehemals selbständigen Orte Berghausen, Kleinsteinbach, Söllingen und Wöschbach. *Berghausen*, schon 771 urkundlich erwähnt, ist der älteste Ort. Menschliche Spuren führen bis in die Altsteinzeit zurück. Zugleich ist er der nach Einwohnern größte im neuen Gemeindeverbund. *Kleinsteinbach* gehörte im Mittelalter den Herren von Remchingen, Lehensleuten der Markgrafen

(90) Pfinztal- OT Söllingen. Das Rathaus.
Hier befindet sich die Gemeindeverwaltung aller vier Teilgemeinden.

von Baden. Reste ihrer Turmburg findet man noch auf dem Schlösslebuckel. Im Orleanschen Krieg wurde der Ort 1692 von französischen Truppen vollständig verwüstet. Nur sehr langsam konnte sich das Dorf wieder erholen. Mit der Eisenbahn kam in die Pfinztalgemeinden der große Strukturwandel. Die Zeit der rein bäuerlichen Dorfstrukturen ging zu Ende. Ein erster urkundlicher Hinweis auf die Existenz von *Söllingen* findet sich 1085. In den folgenden Jahrhunderten gehörte das Dorf immer wieder zu andren Klöstern. Seit dem 16. Jh. ist Söllingen dann schließlich fest in das Gebiet der Markgrafschaft Baden-Durlach integriert, die in den Pfinztalgemeinden die Reformation einführte. Heute befindet sich in Söllingen die Gemeindeverwaltung für die neue Großgemeinde. Auch *Wöschbachs* Ortsgeschichte reicht bis in das Mittelalter zurück. Es wird berichtet, dass das Dorf im 30jährigen Krieg fast seine ganze Einwohnerschaft verloren hat, aber auch, dass neues Leben einkehren konnte. Heute hat sich Wöschbach zu einer großen und beliebten Wohngemeinde entwickelt.

(91) Pfinztal- OT Kleinsteinbach.
Friedrich Weinbrenner hat den bedeutenden Bau der klassizistischen Kirche selbst entworfen.

Damals

Stadt Philippsburg

Damals

PHILIPPSBURG? Man kennt diesen Namen und denkt heutzutage an ein Kernkraftwerk. Deshalb sollen die mächtigen Kühltürme des AKW Philippsburg am Anfang stehen. Sie machen Eindruck und ein bisschen Gänsehaut. Aber sie stehen hier eben nicht allein, denn es gibt noch eine andere Geschichte dieses Ortes, eine unvergleichlich viel ältere und längere. Auch sie macht im Rückblick Eindruck und ein bisschen Gänsehaut.

Die Türme des alten *Speyerer Doms* liegen genau gegenüber von Philippsburg auf der linken Rheinseite. Die gemeinsame Geschichte beginnt damit, dass Heinrich von Leiningen, Bischof von Speyer, anno 1316 den „Flecken und die Burg“ Udenheim erwarb. Philippsburg hieß damals und noch 300 Jahre lang *Udenheim*. Die Speyerer Bischöfe bauten Udenheim aus. Sie waren ja auch Fürsten mit eigener Residenz.

Als sich die Speyrer Bürger weigerten, ihren Bischof auch als Landesherrn anzuerkennen, machte er Udenheim zu seiner Residenz , von wo aus er das ‘Hochstift’, sein Ländchen, regieren konnte. Dazu gehörte auch Bruchsal, ab 1697 neue Residenz, nach dem Ende von Udenheim (Philippsburg).

(92 links) Philippsburg. Kühltürme des Atomkraftwerks.

(93 oben) Speyer. Türme des romanischen Doms.

Damals

Stadt Philippsburg
Pax Aeterna - Ewiger Frieden?

(94) Philippsburg. Gemälde an einer Hauswand mit einer für die Stadtgeschichte typischen Szene:Kriegspläne angesichts von Schloss und Festung der Stadt am andern Rheinufer.

(*Zit. Thomas Adam*) **„Wenn es in der Region eine Stadt gibt, die ihre Existenz und sogar ihren Namen eigentlich dem Krieg „verdankt", dann ist es Philippsburg. Anfangs des 17. Jahrhunderts, am Vorabend des Dreißigjährigen Krieges, wurde das Dorf *Udenheim*, in dessen Burg über längere Zeit die Fürstbischöfe von Speyer residierten, zur modernen Festung ausgebaut. Für die Errichtung der gewaltigen Bastionen musste selbst die bisherige Vorstadt abgebrochen werden. Auftraggeber war Bischof Philipp**

Christoph von Sötern, der das Bollwerk denn auch zum ehrerbietigen Gedächtnis nach seinem eigenen Namenspatron taufte. Was Sötern um-

Jahren 1615 bis 1623 verschaffte seinem Territorium weder Schutz noch Frieden, sondern zog die Kampfhandlungen in den europäischen Kriegen

(95) Der Brunnen am Marktplatz erzählt mit seinen Bildern die Stadtgeschichte. Hier: „Der Einzug eines Bischofs“

trieb, war die vermeintliche Bedrohung seines kleinen katholischen Ländchens durch die umliegenden protestantischen Staaten wie Kurpfalz, Württemberg und Baden. Und doch ging seine Rechnung nicht auf: Der Ausbau von Philippsburg in den des 17. Jahrhunderts geradezu an. Truppen aus aller Herren Länder kämpften um den Besitz der Festung, deren „Hausherr“ denn auch immer wieder einmal wechselte. Lange Zeit behielten die Franzosen Philippsburg als einen rechtsrheinischen Brücken-

Stadt Philippsburg *(Forts.)*

kopf in ihrer Hand. Ihr berühmter Festungsbaumeister Sebastien Le Prestre de Vauban erhielt den Auftrag, das (kriegsbedingt) stark mitgenommene Bollwerk massiv auszubauen. Erst 1697 fiel Philippsburg wieder an die Deutschen und wurde zur Reichsfestung erklärt.

Zu den wenigen positiven Folgen dieser Kriegsdrangsale gehört für Philippsburg immerhin, dass es gerade deswegen zum Schauplatz eines der bedeutendsten literarischen Werke jener Epoche wurde. In seinem 1668/69 erschienenen Schelmenroman vom „Abenteuerlichen Simplicissimus" lässt der Schriftsteller Hans Jakob Christoffel von Grimmelshausen seinen findig-tumben Helden auch nach Philippsburg gelangen, wo er aufgegriffen und gegen seinen Willen in eine Uniform gesteckt wird. Denn der Kaiser braucht Soldaten, und die einzige Alternative zum bunten Waffenrock sind schmerzhafte Stockschläge. Wie überall im Umland herrscht auch in der Festung nagender Hunger. Simplicissimus erkennt und nutzt seine Chance: Als ihm erlaubt wird, draußen vor den Toren essbare Kräuter und Wurzeln zu sammeln, entflieht er.

Was schon im 17. Jahrhundert für die zivilen Einwohner von Philippsburg fast Alltag war - das Leben mit Militär und Krieg -, wiederholt sich ganz ähnlich (oder sogar schlimmer?) im 18 Jahrhundert. Die langen und heftigen Kampfhandlungen während des Polnischen Erbfolgekrieges kosten 1734 die Reichstruppen und ihre französischen Belagerer allein vor dieser einen Festung angeblich bis zu 30 000 Tote. Und 1799, als die Revolutionssoldaten des so genannten Zweiten Koalitionskrieges Philippsburg einschließen, decken sie die Stadt vom 6. bis zum 12. September mit einem durchgehenden Bombardement aus Mörsern, Haubitzen und Kanonen ein. 130 Stunden lang gehen teils zentnerschwere Kugeln über Philippsburg nieder und zerstören es fast völlig. Und doch halten die Festungswerke ebenso wie die Menschen dahinter dem Druck stand, bis die Franzosen ihre Belagerung wieder aufheben müssen. Der Kommandant, Rheingraf Carl August von Salm-Grumbach, lobt in einem Bericht das Durchhaltevermögen seiner Offiziere und Soldaten, aber auch das der Bevölkerung. Und er macht sich persönlich für den Wiederaufbau stark.

Damals

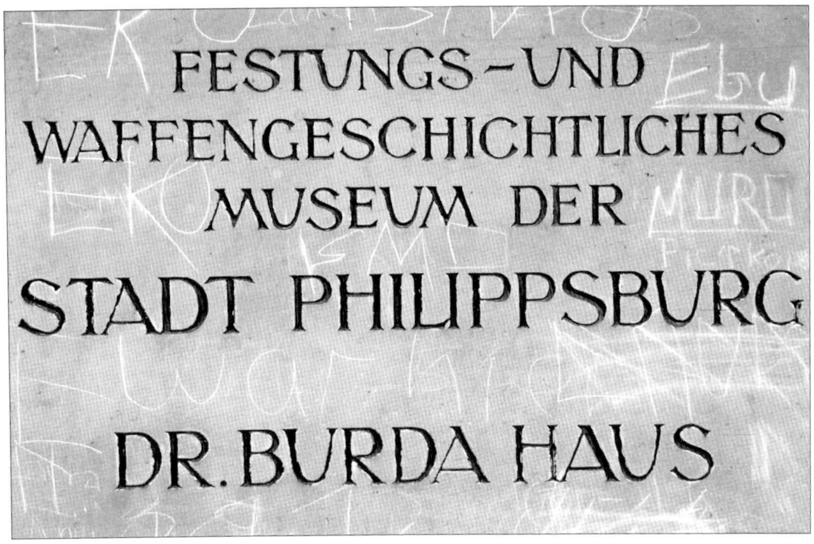

(96 oben) Philippsburg. Senator-Dr. Burda-Haus. Tafel am Eingang
(97 unten) Das „Burdahaus“. Ehrenbürger Franz Josef Burda bewahrte das alte Justizgebäude vor dem Abriss und ermöglichte die Einrichtung des Museums durch eine namhafte Spende.

Damals

Stadt Philippsburg *(Forts.)*

(98) Philippsburg. „Anno 1710 Panorama der Stadt Philippsburg". - Informationstafel -

In ganz Deutschland sammelt Salm Geld, insgesamt über 100 000 Gulden, um Philippsburg von neuem instand setzen zu können.

Es kommt jedoch ganz anders. Durch die Friedensverhandlungen am Ende des Koalitionskrieges fällt Philippsburg wieder an Frankreich, und Napoleon befiehlt, die Festung dem Erdboden gleichzumachen. Nie wieder sollte sie den Deutschen als Stützpunkt für Unternehmungen gegen die *Grande Nation* dienen. Mit Sprengstoff wird das Bollwerk von französischen Spezialisten regelrecht pulverisiert, Schutt und Steine bedecken bald die umliegenden Felder. Das ist, nach fast zwei Jahrhunderten, das Ende der Reichsfestung Philippsburg und doch für die Einwohner auch eine Befreiung vom engen Korsett der Bastionen. Aus den Trümmern und Bruchsteinen ihrer Mauern und auf ehemals militärischem Gelände entstehen Bürgerhäuser - der Beginn einer friedlicheren

Ära als biederes großherzoglich-badisches Amtsstädtchen.

Eine bemerkenswerte Erinnerung an die sechstägige Kanonade vom September 1799 findet sich mitten in Philippsburg. Das so genannte Kugeldenkmal auf dem Marktplatz - „errichtet unter der segensreichen Regierung des Grosherzogs Leopold 1846" - macht seinem Namen alle Ehre, ist doch die aufgesetzte Pyramide aus einzelnen Mörser- und Kanonenkugeln zusammengefügt. Dieses Monument, das für die Stadt bis heute einen hohen Symbolgehalt besitzt, galt schon vor hundert Jahren als besondere Sehenswürdigkeit und fehlt seither in kaum einer Ortsbeschreibung. Jetzt hat es seinen Platz inmitten einer lauschigen, höchst friedlichen Baumallee auf der Promenade im Stadtzentrum.

Finanziert haben es ehedem die Philippsburger, bei denen offenbar noch Jahrzehnte nach den Ereignissen die Erinnerung an die Schicksalstage lebendig war, je hälftig aus privaten Spenden und einem Beitrag aus der Gemeindekasse.“

(99) Der Philippusbrunnen vor der Pfarrkirche St. Maria, eine Stadtgeschichte in Bildern. 1958 Einweihung des Brunnens durch Ehrenbürger Dr. Franz Burda.

Damals

Stadt Philippsburg

Stadtteil Huttenheim

Das 1973 eingemeindete *Huttenheim* ist die Nachfolgesiedlung des ehemaligen Dorfes *Knaudenheim.* Dieses war im Jahre 1758 wegen der Zerstörung durch Hochwasser aufgegeben worden. Bei der Verlegung ging man auf das sichere Hochgestade, und "Neu-Knaudenheim" gab sich jetzt den Ortsnamen Huttenheim. Dies war ein Ausdruck der Dankbarkeit gegenüber dem damaligen Landesherrn, dem Fürstbischof Franz Christoph von Hutten. Er vor allem hatte die Neuansiedlung mit allen Mitteln großzügig unterstützt.

In das Blickfeld der Geschichte war das alte Knaudenheim getreten in einer Urkunde von 1220. Die Gründung des Ortes muss aber Jahrhunderte früher in der fränkischen Landnahmezeit erfolgt sein. 1316 konnten der Bischof von Speyer das Dorf durch Kauf seinem Hochstift hinzufügen. Dies und die geographische Nähe zu Udenheim (später Philippsburg) brachten es mit sich, dass der offenbar recht große Ort immer wieder in die kriegerischen Auseinandersetzungen um Philippsburg hineingezogen wurde. So hatte man in der Festungszeit hier ebenso unter den vielen Belagerungen, Einquartierungen und Kämpfen zu leiden. Ausschlaggebend für das Ende Knaudenheims aber waren die wiederkehrenden Hochwasser des Rheins. Als der Rheindamm 1758 gebrochen war und wieder einmal die Siedlung wochenlang unter Wasser stand, konnte nur noch ein Neuanfang helfen. Die Planung des neuen Dorfes sah von vorne herein breite Straßen und große Grundstücke vor. Schon 1762 weihte man die barocke Kirche ein, im folgenden Jahr dann Rathaus und Schule. Manches alte Baumaterial kam am neuen Ort wieder zur Verwendung. Landwirtschaft und Fischfang blieben noch für lange Zeit chrakteristisch für das Dorf.

Die dankbare Gemeinde errichtet ihrem Wohlthäter dieses Denkmal bei der ersten Sekularfeier am 17. August 1858

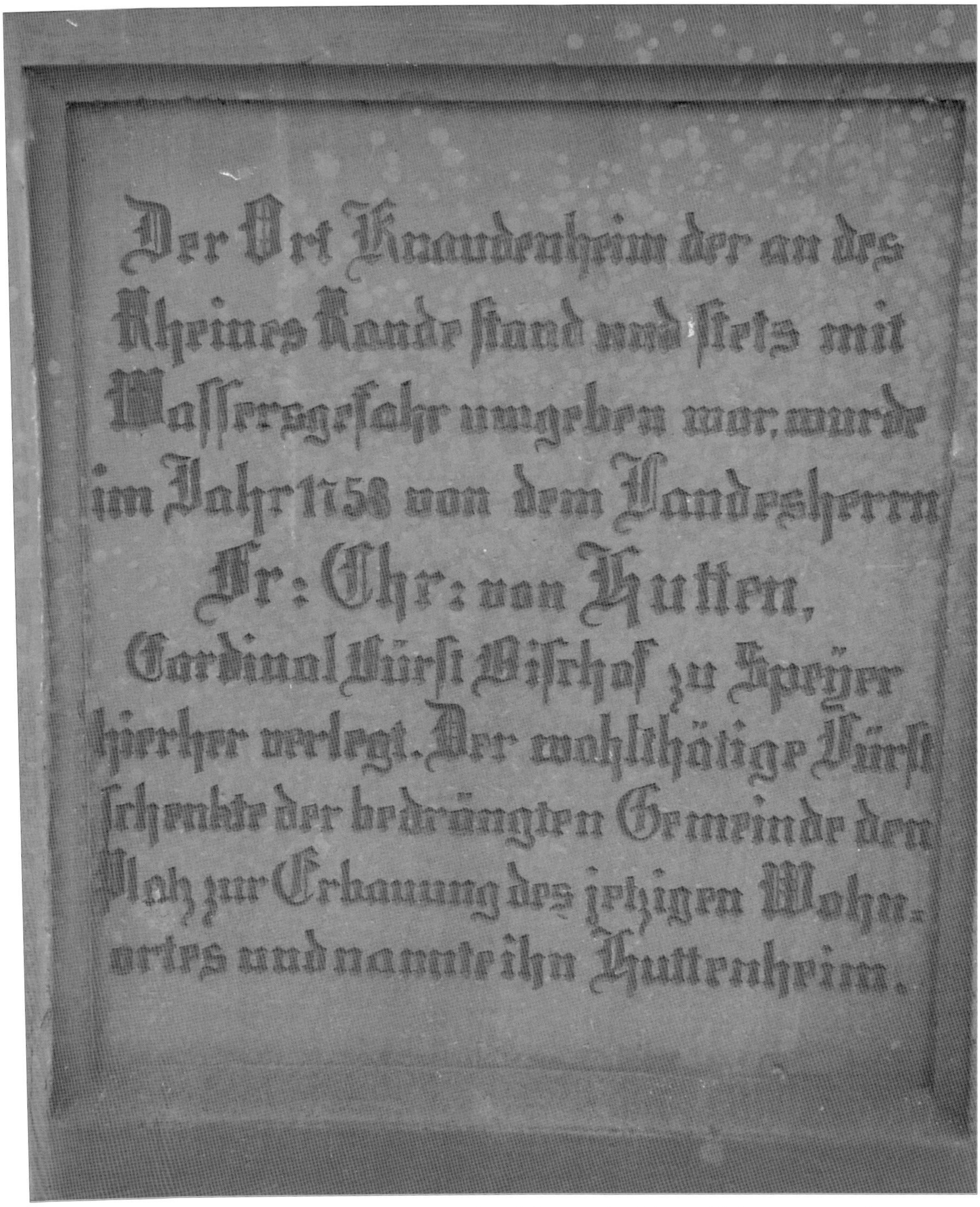

(100) Philippsburg-Huttenheim. Denkmal für zur dankbaren Erinnerung an den Landesfürsten Bischof von Hutten, der die Umsiedlung des Dorfes unterstützt hatte.

(linke Seite) Text auf der oberen Hälfte des Denkmals

Damals

Stadt Philippsburg

Stadtteil Rheinsheim

Als *Reginesheim* wird der Ort 784 erstmals urkundlich erwähnt. Doch muss der Raum schon in vorgeschichtlicher Zeit besiedelt gewesen sein. Darauf weisen Bodenfunde aus der Jungsteinzeit und Bronzezeit hin. Als weitere archäologische Spuren sind 2 römische Hausaltäre und Reihengräber aus fränkischer Zeit zu nennen, in welchen man als Beigaben Schmuck, Waffen und Münzen ausgrub. Wie Knaudenheim war Rheinsheim ab dem 12. Jh. geradezu schicksalhaft mit Udenheim/Philippsburg verbunden. Ursprünglich konnte das Dorf noch von gewissen Privilegien profitieren, aber damit war es in der Festungszeit zu Ende. Leid und Elend, Belagerungen, Plünderungen, Einquartierungen - wie sollte eine normale Entwicklung des Gemeinwesens unter solchen Umständen möglich gewesen sein? Die Verhältnisse veränderten sich spürbar nach der Auflösung des Hochstiftes und der neuen Zugehörigkeit zum Großherzogtum Baden. Nicht politisch beeinflussbar waren freilich die ständigen Hochwasserkatastrophen. Im Jahre 1764 stand die gesamte Gemarkung unter Wasser, 1876 nach einem Dammbruch entstand wieder eine solch verheerende Situation. Nach der Rheinkorrektur von Tulla 1826/27 geriet ein bedeutender Gemarkungsteil (Insel Grün) auf die linksrheinische Seite, sodass der Fährbetrieb, der nachgewiesenermaßen seit 1191 existierte, noch längere Zeit aufrecht erhalten werden musste. Der Rhein blieb auch weiterhin Rheinsheims Schicksal: Fast an der gleichen Stelle erfolgte am 31. März 1945 auch der Rheinübergang der 1. französischen Armee am Ende des 2. Weltkrieges. Viele Häuser und der erst kurz vor 1900 erbaute neugotische Turm des "Doms" wurden damals zerstört und nach vielen jahrelangen Mühen wieder aufgebaut.

Am 1. Januar 1975 wurde die Eingemeindung in die Stadt Philippsburg feierlich begangen. Eine positive, zukunftsfähige Entwicklung mit Neubaugebieten und einer funktionierenden Infrastruktur war nun möglich. Das historische Ortswappen erinnert aber an die frühere Lebensgrundlage der Bevölkerung: Es zeigt einen ANKER und FISCHE, bildhafter Hinweis auf Schifffahrt und Fischerei.

Damals

(100 a) Phillipsburg - Rheinsheim. Straßenbild mit Blick auf St. Vitus, den „Dom“

(100 b) Ph. - Rheinsheim. Impression: Junges Leben im alten Ort.

Damals

Stadt Rheinstetten

Die Große Kreisstadt *Rheinstetten* liegt direkt am Rhein, in unmittelbarer Nachbarschaft zur Pfalz und dem Elsass, die zusammen den PAMINA-Raum bilden. Die Stadt besteht aus drei ehemals selbständigen Gemeinden, den heutigen Stadtteilen, *Forchheim, Mörsch* und *Neuburgweier*, die am 1. Januar 1975 ihre Unterschrift unter den Fusionsvertrag setzten.

Auf einer weiteren Kooperationsebene hat sich Rheinstetten inzwischen engagiert: Es ist der PAMINA-Raum (*Pa*latinat, *Mi*ttlerer Oberrhein, *N*ord-*A*lsace), über dessen Bedeutung die Vorsitzende des Kreistages aus persönlicher Erfahrung sagt: „Auf unserer kommunalen Ebene sind wir sehr viel weiter, als auf der nationalen. Es ist bereichernd, diese herzlichen Sympathien und Freundschaften und die konkrete Zusammenarbeit grenzenlos erleben zu dürfen.“

Auch wenn die Stadt Rheinstetten noch 35 Jahre jung ist, so hat doch jeder der drei Stadtteile Forchheim, Mörsch und Neuburgweier eine alte und bewegte Geschichte.

Stadtteil Forchheim

Urkundlich erstmals erwähnt wird *Vorchheim* im Jahre 1086. Es ist eine Urkunde, die beglaubigt, dass Kaiser Heinrich IV. dem Bischof Hußmann von Speyer die Grafschaft „Vorchheim“ im Ufgau schenkt. Damit ist klar, dass dieses Datum nicht die Gründungszeit des Dorfes war. Das bestand schon längst. Die Endung des Ortsnamens auf *-heim* lässt auf die Zeit der sogenannten Landnahme der Franken im 6. Jahrhundert schließen. Erkennungsmerkmal dieser Siedlung waren offenbar Föhren, denn das ist die Bedeutung von Forchheim: ‘Heim unter Föhren’. Die Franken hatten sich unter ihrem König Chlodwig zum Christentum bekehrt und ließen bei der Inbesitznahme des bisher alamannisch regierten Landes gleich auch Kirchen bauen. Der Nationalheilige der Franken war der Hl. Martin und die ersten Kirchen waren (meist) *Martins*kirchen. Diese ältesten Kirchen entstanden nicht irgendwo, sondern dort wo der vom König eingesetzte Gaugraf seinen Sitz hatte. Ein solcher zentraler Ort war Forchheim.

Damals

(101) Rheinstetten- Forchheim. Vor der dortigen Martinskirche steht diese moderne Skulptur des Hl. Martin, der den Armen am Wegesrand sieht und das Seine mit ihm teilt.

Stadt Rheinstetten

Stadtteil Forchheim (*Forts.*)

1966 stieß man bei Grabungsarbeiten auf zwei Gräber. Die silberne Münze in einem der Gräber war in der Lombardei zwischen 527 und 565 geprägt worden. Zu diesen Gräbern gehörte eine Siedlung. Auch dies noch einmal ein Hinweis auf das Alter des Ortes. 1102 wird der spätere Markgraf Hermann II. von Baden als Inhaber der Grafschaft Forchheim genannt. 1106, nach dem Tod Kaiser Heinrichs IV., wurde die Grafschaft an Reginbodo II. zurückgegeben, der den Sitz der Ufgaugrafen von Forchheim nach Malsch auf die Burg Waldenfels verlegte. Letztmals genannt wird die Grafschaft Forchheim im Jahre 1115.

Damals

(102 links) Rheinstetten-Forchheim. Typische Fachwerkhäuser.
(103 oben) Rathaus mit den Wappen der Stadt und des Stadtteils, das auf die einstige Zugehörigkeit zum Bistum Speyer hinweist.

Im Jahr 1219 erhielt Markgraf Hermann V. von Baden durch Kaiser Friedrich II. die Stadt Ettlingen *sowie* die Orte *Forchheim* und Daxlanden als Lehen. Nun also gehörte Forchheim zur Markgrafschaft Baden.

Eine interessante Urkunde aus dem Jahre 1463 spricht davon, dass die Pfarrei Forchheim auf Anordnung des Bischofs Johannes von Speyer nach der Filiale Daxlanden verlegt wurde, *„weil das Dorf durch Überschwemmung des Rheins und anderer Gewässer und an Einwohnern und Gebäu nicht wenig abgenommen und abgegangen seyn ...“*. Der Pfarrer zog ebenfalls nach Daxlanden um.

Damals

Stadt Rheinstetten

Stadtteil Forchheim *(Forts.)*

Da von einer teilweisen Zerstörung des Ortes durch Überschwemmungen berichtet wird, muss angenommen werden, dass in der ersten Hälfte des 15. Jahrhunderts das Hochgestade unterspült wurde und Gebäude eingebrochen sind. Bis etwa 1460 floss der „Vollrhein" am Hochufer von Forchheim vorbei.

1683 verschickte der damalige Bischof von Speyer in alle Pfarreien seiner Diözese einen Bericht über die Verhältnisse in den Gemeinden. Nach diesem Bericht zählte Forchheim nur noch 11 Familien. Es war die Zeit nach dem 30jährigen Krieg. Die Menschen waren nicht nur durch die Kriegsfurie, sondern auch die Pest heimgesucht worden. Als bald darauf im Spanischen Erbfolgekrieg 1707 die Kirche bis auf die Außenmauern durch Brand zerstört wurde, ist sie 1720 durch den Baumeister der Markgräfin Sibylla Augusta, Michael Ludwig Rohrer, wieder aufgebaut worden. 1751 erhielt die Kirche einen Eingangsturm an der Westfassade. 1782 wurde sie beidseitig verbreitert, da die Gemeinde auf über 200 Seelen angewachsen war. Und sie wuchs weiter. Die alte Kirche war zwar 1847 wieder vergrößert worden. Doch musste auch diese in den Jahren 1857/58 der heutigen St. Martinskirche weichen, *„da die Seelenzahl auf 920 angestiegen war"*. Die Pläne stammen von Johann Ludwig Weinbrenner, einem Neffen des bedeutenden Großherzoglichen Hofarchitekten Friedrich Weinbrenner. Den Friedhof, der bis dahin als Kirchhof *„rings um die Pfarrkirche lag"*, hatte man bereits einige Jahre vorher an den Rheinberg verlegt.

Und Kaiserbesuch gab es im vergangenen Jahrhundert auch. Grund dafür war der *Exerzierplatz* auf Forchheimer Gemarkung, der 100 Jahre lang bis 1917 der Karlsruher Garnison zur Verfügung stand. Zum Abschluss der Manöver fand immer die Kaiserparade statt, zu denen Kaiser Wilhelm II. mehrmals, zuletzt 1909 kam. Neben der Ehre eines Kaiserbesuchs konnten sich die Forchheimer aber noch über etwas anderes freuen: Weil der Kaiser mit der Bahn anreiste wurde die Strecke bis nach Forchheim weitergeführt. 1903 erhielt der Ort seinen Staatsbahnhof.

Damals

(104) Rheinstetten-Forchheim. Die St.Martinskirche wurde in den Jahren1857 / 1858 von Johann Ludwig Weinbrenner erbaut. Die alte Kirche konnte die groß gewordene Gemeinde nicht mehr fassen.

Damals

Stadt Rheinstetten

Stadtteil Mörsch

Der Ort liegt auf der Niederterrasse des Rheintales und so kann man sich gut vorstellen, dass der Ortsname auf ein *Mariacum* zurückgehen soll, was bedeutet: „in der Nähe des Wassers liegend“. Erstmalig finden wir Mörsch in einer Urkunde vom Jahre 940 erwähnt. Es ist eine Schenkungsurkunde, in welcher Kaiser Otto I. den Ort dem Bistum Speyer übergab. Darin heißt es *„Zur Vermehrung dieser Kirche“* wurde der *„Ort Mörsch im Ufgau in der Grafschaft des Gebhard“* dem Bischof Amalrich von Speyer *„als Eigentum gegeben... mit allem was dazugehört. mit Höfen, Gebäuden. Mannshuben, Wiesen, Weiden, Wäldern, Gewässern und Wasserläufen und allen Äckern, welche von Rechtswegen dazugehören“*. Später wechselten sich die Ortsherrschaften immer wieder ab. Nach Speyer kam Mörsch zum Kloster Weißenburg im Elsass, dann war es über 100 Jahre als Lehen bei den Herren von Eberstein. 1291 übergab das Kloster Weißenburg mehrere Gebietsteile dem Markgraf Hermann VIII. zum Lehen, darunter war auch Mörsch. Im Jahre 1306 verkaufte der Markgraf Rudolf gemeinschaftlich mit seinem Bruder Friedrich das Dorf an das Kloster Herrenalb *„mit Wald, Wasser, Weide, Vogtei, Leibeigenen und allen Nutzungen“*. Dieser Verkauf war mit der *„Bedingung der Wiedereinlösung“* geschehen; es war also mehr eine Verpfändung. Im Jahre 1350 löste Markgraf Hermann IX. das Dorf Mörsch wieder ein. Seitdem gehörte der Ort zu Baden. Bei der erfolgten Teilung der Badischen Markgrafschaft im Jahre 1535 in eine Baden-Badische und Baden-Durlachsche wurde Mörsch der baden-badischen Hälfte zugeteilt und gehörte bis zur Vereinigung 1771 statt zum Amt Mühlburg nun zum Amt Ettlingen. 1378 wurde mit dem Kirchbau begonnen. Bis zu diesem Jahr war Mörsch eine Filiale von Forchheim. Jetzt wurde der Ort zur selbständigen Pfarrei mit eigenem Pfarrer. Das Besetzungsrecht stand erst noch den Ebersteinern zu, dann fiel auch dieses an Baden.

Die alte Kirche stand gegenüber dem katholischen Pfarrhaus an Stelle des heutigen alten Schulhauses an der Pfarrklamm, wo auch zu damaliger Zeit der Friedhof war.

Damals

(105) Rheinstetten - Mörsch. In den Jahren 1846 bis 1849 wurde die St. Ulrichskirche erbaut. „Unter Beteiligung der ganzen Bevölkerung", wie in der Chronik nachzulesen ist.

Stadt Rheinstetten

Stadtteil Mörsch *(Forts.)*

Nach einem Dokument aus dem Jahre 1525 besitzt die Ortsherrschaft in Mörsch drei Höfe: den *Großen Hof*, den *Burbacher Hof* und den *Schulzenhof*. Zwei Fischwasser sind ebenfalls Eigentum der Herrschaft. Weiter gehört dazu *Wildbann, Wildfuhr, auch Hagen und Jagen, desgleichen auch alles klein Weidwerk zu üben und zu gebrauchen*" und zwar in allen Wäldern und Feldern. Nicht gerade schlecht.

Die Schrecken des 30jährigen Krieges wurden auch Mörsch nicht erspart. Der Ort liege *in Asche,* wird aus dem Jahr 1622 berichtet. Und im Spanischen Erbfolgekrieg gleich nach 1700 wird uns in einem Protokoll des Amtes Ettlingen ein Gesuch vor Augen gerückt, das ein schonungsloses Bild der damaligen Situation vermittelt: Man bittet, den Holländern Stämme verkaufen zu dürfen, um die *„unerschwinglichen Kriegskontributionen"* zu bezahlen. *„Dies Dorf ist so verarmt und diesen Krieg hindurch so aller Mittel entblößt worden, dass ich ohne dergleichen Beihilfe ihre Kontributionsschuldigkeit unmöglich anders beibringen kann, ich nehme denn ihr weniges Zug- und Rindvieh, wovon sie sich bloß nicht allein, doch schlechthin helfen".* *(Amtmann Schweinhuber).*

In den Jahren 1846 bis 1849 wurde die St. Ulrichskirche nach Entwürfen von Jakob Hochstetter erbaut. *„Unter Beteiligung der ganzen Bevölkerung"*, wie in der Chronik nachzulesen ist. In die Bauzeit der Kirche fällt auch die Anlegung des neuen Friedhofes zwischen Römer- und Bergstraße, der 1844 eingeweiht wurde. Dabei kamen Spuren aus der Zeit der römischen Besiedlung dieses Raumes zum Vorschein. Immerhin gab es eine römische Verbindungsstraße vom Rhein nach Ettlingen, deren Verlauf direkt an Mörsch vorbeiführte. Gefunden wurden Mauerreste, aber auch Keramik und ein Steintisch. 1853 wurde beim Umbau eines Hauses ein Viergötterstein ausgegraben, der im Landesmuseum Karlsruhe aufbewahrt wird. Der wohl wichtigste Fund unserer Gegend aus der Römerzeit wurde 1939 beim Holzfällen im Mörscher Wald gemacht - in einem sieben Meter tiefen Brunnenschacht fand man Götterskulpturen, einen Altarstein sowie

(106) Rheinstetten-Mörsch. Das Rathaus.

Tongeschirr. Der Altar und seine Statue sind dem Gott Merkur, dem Gott der Reisenden und der Händler geweiht. Der Fund befindet sich im Albgaumuseum Ettlingen. Abgüsse davon sind im Mörscher Rathaus.

Damals

Stadt Rheinstetten

Stadtteil Neuburgweier

Bis zum Jahre 1707 ist die Geschichte des Rheindorfes *Neuburgweier* mit der Geschichte der auf der anderen Rheinseite gelegenen Stadt Neuburg identisch. Bis zu diesem Zeitpunkt gehörte Neuburgweier als Weiler zur pfälzischen Stadt Neuburg und war damals auch auf der westlichen Rheinseite gelegen.

Der Rhein hatte auch schon in den Jahrhunderten zuvor immer wieder

(107 oben) Die „alte Verbindung" zwischen der ehemaligen „Muttergemeinde" Neuburg und dem durch den veränderten Lauf des Rheines abgetrennten Weiler Neuburgweier wurde durch die Inbetriebnahme der Rheinfähre „Baden-Pfalz" im Jahre 1984 wieder aufgenommen. (108 rechts) Die alte St. Ursula-Kapelle wurde 1954 der evang. Kirchengemeinde übereignet.

Damals

seinen Flusslauf geändert. Um das Jahr 1100 dürfte der Bischof von Speyer, Besitzer der Grafschaften links und rechts Rheins, zur Sicherung des Rheinüberganges den Ort Neuburg gegründet haben. Und zwar rechtsrheinisch. Bis 1592 lag dann der Ort wieder links des Rheins.

In einem Teilungsvertrag, der von den Brüdern Otto und Eberhard von Eberstein im Jahre 1219 abgeschlossen wurde, ist Neuburgweier erstmals urkundlich erwähnt. In diesem Vertrag erhielt Otto von Eberstein - neben anderen Orten - auch *„Nuenburc et Wilre cum omni Jure“* (Neuburg und Weier mit allem Recht). Bis 1259 befand sich *Neuburg* und *Weier* als Lehen des Hochstifts Speyer im Besitz der Grafen von Eberstein. Seit 1383 sind beide Gemeinden kurpfälzisch. In diesem Jahr hat Pfalzgraf Rupprecht I. *„Stadt und Feste Neuenburg“* dem Heinrich von Lichtenberg im Elsass abgekauft.

Seit 1592 ist Neuburgweier geographisch von dem bis dahin rechtsrheinischen Neuburg getrennt. In die-

Stadt Rheinstetten

Neuburgweier *(Forts.)*

sem Jahr brach der Rhein, der vorher in einem Bogen westlich um Neuburg herumfloss, zwischen Neuburg und Weier durch und schuf sich sein bis heute verbliebenes Bett.

1680 wurde das Gebiet von Neuburg und Weier durch Frankreich in Besitz genommen. An diese Zeit erinnert noch das älteste, schon um das Jahr 1700 genannte Wirtshaus 'Drei Lilien' (die französischen Bourbonen-Könige haben drei Lilien in ihrem Wappen.) Durch den Riswicker Friedensschluß im Jahre 1697 fiel der Ort wieder an die Kurpfalz, wurde aber 10 Jahre später an die Markgrafschaft Baden-Baden abgetreten. Seit dieser Zeit bis zur Fusion 1975 war die Gemeinde selbständig

Die Bedeutung der Gemeinde in kirchlicher Hinsicht muss groß gewesen sein, wenn man dies an der Größe eines Bauwerks ablesen kann. An den heute noch erhaltenen gotischen Chor der St.-Ursula-Kapelle, die 1495 *Unserer lieben Frau* geweiht war, schloss sich ein Langhaus an, das mit 170 qm zur damaligen Zeit die doppelte Fläche der beiden Kirchen in Forchheim und Mörsch zusammen aufweisen

(109 oben) Steinerne Spuren im Museum für Siedlungsgeschichte im PAMINA-Raum

(110 rechts) Die katholische Kirche heute

konnte. Im Jahre 1786 wurde dieses wegen Baufälligkeit abgerissen und durch einen neuen Anbau ersetzt. 1871 wurde dieser im neugotischem Stil umgebaut.

Damals

Stadt Stutensee

(111) Stadt Stutensee. Stadtwappen.Es zeigt als ein„sprechendes Wappen“ über einem blauen Wellenschildfuß eine springende rote Stute.Die Farben Rot und Gelb erinnern an die alte Zugehörigkeit der Markung zur Markgrafschaft Baden.

Die *Stadt Stutensee* ist sozusagen eine Neuschöpfung der Kreisreform in des letzten Jahrhunderts. Die Stadtteile *Blankenloch* mit *Büchig, Friedrichstal, Spöck* und *Staffort* waren zuvor selbständige Gemeinden gewesen. Die Vereinigung wurde am 1. Januar 1975 im Schloss Stutensee mit dem sogenannten „Stutenseevertrag“ beschlossen. Stutensee hat heute ca 24.000 Einwohner und wurde 1998 als viertgrößte Stadt im Landkreis Karlsruhe zur Großen Kreisstadt erhoben. Das Wappen zeigt als ein „sprechendes Wappen“ über einem blauen Wellenschildfuß eine springende rote Stute.

(112) Das Schloss Stutensee, *etwas abseits beim Stadtteil Blankenloch gelegen, gab der neuen Stadt den Namen.*

Schloss Stutensee

In der Zeit nach 1715, als in Karlsruhe das neue Residenzschloss des Badener Markgrafen gebaut war, wurden im Hardtwald Alleen zum Ausreiten geschlagen. An einer dieser Alleen ließ der Markgraf ein hölzernes „Lusthäuschen“ errichten. Dem jungen Markgrafen Karl Friedrich (1746 - 1811) gefiel der Ort und der schöne Fachwerkbau. Er wollte erst das in die Jahre gekommene Gebäude sanieren, entschloss sich aber dann doch zum Neubau eines zweigeschossigen barocken Jagdschlosses. Als Baumaterial fanden auch behauene Steine des in den Kriegswirren zerstörten Stafforter Schlosses Verwendung. Die schlichte, schöne Frontseite wird gekrönt von einem gewaltigen badischen Wappen.

Damals

Stadt Stutensee *(Forts. Schloss Stutensee)*

Niemand sollte Zweifel daran haben, wem dieses schmucke Schlösschen im großen Hardtwald gehört. Schon lange waren im angrenzenden Park Fischteiche angelegt worden: Jetzt ergänzte eine markgräfliche Pferdezucht das ländliche Idyll. Der Name *Stutensee* war naheliegend.

Mit dem Ende des Großherzogtums Baden ging das Schloss in staatlichen Besitz über. Das kam *Dr. Heinrich Wetzlar*, Oberamtsrichter in Karlsruhe zustatten. Er hatte als 37jähriger den Vorsitz des Karlsruher Bezirksvereins für Jugendschutz und Gefangenenfürsorge übernommen und sich für gefährdete und straffällig gewordene junge Menschen engagiert. Zusammen mit seiner Frau *Therese Wetzlar* gründete er 1919 eine staatliche Jugendeinrichtung im Schloss Stutensee. Das geschah lange ehe die Jugendhilfe im Gesetz verankert worden ist. Anfangs standen 36 Heimplätze zur Verfügung. Das Ehepaar Wetzlar kümmerte sich persönlich um die Jugendlichen, wohnte auch in der neuen Einrichtung. Sie vertraten ein sozialpädagogisches Konzept, das auf die persönliche Zuwendung der Mitarbeiter setzt. Damit wurden die damals und lange vorherrschenden Vorstellungen über „sittliche, moralische und intellektuelle Minderwertigkeit und Unerziehbarkeit" korrigiert. Schulische und berufliche Förderung in einer großen Natur haben viele junge Menschen vor dem gesellschaftlichen Abgrund bewahren können.

1933 wurde Dr. Heinrich Wetzlar als Landesgerichtspräsident in Mannheim seines Amtes enthoben. Er war Jude. Mit Bitterkeit muss festgehalten werden: Das Ehepaar Heinrich und Therese Wetzlar, die „Wegbereiter der Jugendhilfe" wurden 1943 im Konzentrationslager Theresienstadt von NS-Schergen ermordet. Das Heim Stutensee musste geschlossen werden.

Heute ist Schloss Stutensee wieder eine Einrichtung der Kinder- und Jugendhilfe geworden. Dankbar hat man das Hauptgebäude des Jugendheims nach dem Begründer „Heinrich-Wetzlar-Haus" genannt. Eine Gedenktafel über dem zentralen Eingang erinnert an das Ehepaar und sein Schicksal.

Damals

Das Heinrich-Wetzlar-Haus

(113) Schloss Stutensee.
Das Hauptgebäude der hier untergebrachten Einrichtung der Kinder- und Jugendhilfe wurde nach dem Gründer „Heinrich-Wetzlar-Haus" benannt.
Heinrich Wetzlar wurde im Konzentrationslager Theresienstadt ermordet.

Damals

Stadt Stutensee

Stadtteil Blankenloch

Die erste urkundliche Erwähnung von *Blankelach* datiert in das Jahr 1337. Die damalige Schreibweise lässt bei der Herkunft des Ortsnamens an ein nahes (stehendes) Gewässer denken. Die zufällige Erwähnung hat natürlich mit dem Alter der Siedlung nichts zu tun. Der Ort muss schon viele hundert Jahre früher existiert haben, wie der Fund eines Reihengräberfeldes aus der Merowingerzeit bezeugt. Das älteste Gebäude aus dem Jahre 1603 ist das Kerns-Max-Haus in der Hauptstraße. Das Heimatmuseum fand darin seinen würdigen Platz. Älter noch sind Bauteile an der evangelischen Michaelskirche. Sie selbst wurde erst 1860 erbaut. Bei Renovierungsarbeiten stieß man jedoch in 4 Meter Tiefe auf den Grundstein einer der Vorgängerkirchen. Eine Bleiplatte trägt das Datum 1521. Das erste Blankenlocher Schulhaus geht auf das Jahr 1723 zurück.

(114 oben) Stadtteil Blankenloch. Blick zur Michaeliskirche.

(115 rechts) Blankenloch. Im Kerns-Max-Haus, dem ältesten Haus im Ort von 1603 befindet sich das Heimatmuseum.

Damals

Damals

Stadt Stutensee

Stadtteil Friedrichstal

„Fast 60 Jahre lang sprach ganz *Fridriciana vallis* - zu deutsch *Friedrichstal* - nur französisch, es wurde in Französisch unterrichtet und gepredigt. Denn Friedrichstal war 1700 zur neuen Heimat französischer Emigranten geworden, Hugenotten, Wallonen und Flamen, die 1550 bis 1750 in einer großen Auswanderungswelle aus vielen Regionen des streng katholischen Frankreich in die angrenzenden protestantischen Länder flohen. Markgraf Friedrich Magnus von Baden-Durlach war es, der den Flüchtlingen am 18. Juli 1700 das Fleckchen Erde in der badischen Hardt schenkte, damit sie sich dort ein neues Leben aufbauen konnten: 248 Morgen Land für 15 Familien und ca 25 Häuser mit einem großen Dorfplatz und einem Brunnen in der Mitte. 1726 wurde das erste Gotteshaus gebaut, eine kleine Holzkirche, Erst 1830 wich sie der heutigen Kirche, die später erweitert wurde.“ (*Aus: Stutensee. Bilder einer Stadt*)

Dis
Denkmal
des
wärmsten
Dankes
weihen
ihrem
gnädigsten
Fürsten und
Vater Carl
Friedrich
und dessen
redlichen
Diener Carl
von Geufau
für die
Urbarmachung
dieser 42
Morgen
Landes die
Bewohner
Friedrichsthals
1725

Es wird berichtet, dass die Bevölkerung schnell gewachsen ist, dass man Wald gerodet und Ackerland geschaffen hat. Allmähliche Integration der *Réfugiés* führte schließlich zur Übernahme der deutschen Sprache und zur Einheirat in die badische Bevölkerung. Sie waren angekommen.

Damals

(116) Stutensee. Stadtteil Friedrichstal. Ein Denkmal von 1725 bekundet die Dankbarkeit für die Ansiedlung protestantischer Glaubensflüchtlinge durch Markgraf Karl Friedrich. (Originaltext: links)

Stadt Stutensee

Stadtteil Friedrichstal *(Forts.)*

Verdienstvoll ist ein besonderer Ort der Erinnerung: Das *Oskar-Hornung- Haus* in Friedrichstal. Im alten Schulhaus wurde das „Hugenotten- und Heimatmuseum“ eingerichtet. Es macht den Versuch, eine Brücke zu schlagen zurück ins 17. und 18. Jahrhundert, in die Anfangszeit der protestantischen Glaubensflüchtlinge. Man kann einen typischen Wohnraum ihrer französischen Heimat sehen, aber auch die vorindustrielle Tabakproduktion, deren Kenntnis die Réfugiés mitgebracht hatten. Doch das ist längst nicht alles. Das Konzept des

(117) Stutensee-Friedrichstal. Das „Oskar-Hornung-Haus“ im alten Schulhaus. Hier hat das Hugenotten- und Heimatmuseum seinen Sitz.

Museums ist erklärtermaßen darauf ausgerichtet, die Kultur und Schicksale der französischen Protestanten zu dokumentieren, also auch über die geistig-politischen Verstrickungen aufzuklären, die zu den grausamen Verfolgungen und Blutbädern in Frankreich geführt haben und so eben auch zu einer Flucht von wahrscheinlich einer Viertel Million Menschen in die protestantischen Nachbarländer und bis nach Südafrika. Die Reformation war ja auch in Frankreich auf fruchtbaren Boden gefallen. Das Königshaus, es stand nicht zuletzt aus familiären Gründen unter starkem päpstlichen Einfluss, reagierte grausam. Das Blutbad der sogenannten Bartholomäusnacht hat sich tief in das Gedächtnis eingegraben. Ein Toleranzedikt brachte etwas Ruhe in die zerrissene Gesellschaft Frankreichs. Doch dieses Edikt wurde vom Sonnenkönig Ludwig XIV. 1685 zurückgenommen. Haft oder Galeere drohten jetzt wieder jedem Protestanten, der sich als solcher zu erkennen gab. Auch das Verlassen des Landes war ihnen verboten. So bedeutete eine Flucht nicht nur das Verlassen der Heimat. Es war eine erniedrigende Nacht- und Nebelaktion. (Parallelschicksale im 3. Reich drängen sich auf und deuten an, dass Geschichte nie nur Vergangenheit ist). Den deutschen Fürsten kamen die Flüchtlinge übrigens ganz gelegen. Keinem wird man humanitäre Beweggründe für ihr Handeln absprechen, aber es gab durchaus auch ganz handfeste Motive. Der 30jährige Krieg hatte gerade auch im deutschen Südwesten ganze Landstriche entvölkert. Da waren Zuwanderer hoch willkommen. (Erste Station für die Friedrichstaler Flüchtlingsgruppe waren leerstehende Häuser im Dorf Spöck. Brachliegende Felder konnten genutzt werden.) Dabei ging es keineswegs nur um Arbeitskräfte. Die Hugenotten besaßen eine gute handwerkliche Ausbildung speziell im recht begehrten Bereich der Luxus und Textilindustrie. Auch der Tabakanbau am Oberrhein, von dem zwei Jahrhunderte lang viele Menschen lebten, war ein Mitbringsel der Neuankömmlinge. Sie wurden gefördert, was mitunter den Neid der Einheimischen erweckte.

Seit 1982 besteht eine Städtepartnerschaft mit *Saint Riquier* in Frankreich. Der Ort liegt in der Picardie, also der Region, aus der die ersten Friedrichstaler einst haben fliehen müssen. Im jährlichen Wechsel kommt es zu partnerschaftlichen Begegnungen; ein ermutigendes Beispiel dafür, dass die tiefen Gräben vergangener Jahrhunderte zwischen den Völkern Europas eingeebnet worden sind.

Damals

Stadt Stutensee

Stadtteil Spöck

Urkundlich erstmals erwähnt wird *Spöck* in einer Urkunde König Ludwigs des Deutschen im Jahre 865. Es geht darin um eine Schenkung des Ortes *Spechaa* (damit ist Spöck gemeint) an den Bischof Gebhard von Speyer. Bedeutsam daran ist zweierlei. Zum einen wird die frühe Zugehörigkeit des Ortes zum Territorium des Speyerer Fürstbistums begründet. Zum andern führt die damalige Schreibweise specha oder spaha zur Namenserklärung von Spöck: Ein Rutengeflecht, wohl auch ein Damm aus einem solchen war wahrscheinlich das Kennzeichen dieser Siedlung, die offenbar in frühester Zeit im Überflutungsgebiet des Rheines lag. Benediktinermönche von St. German in Speyer haben hier missioniert, haben nach der Regel des Hl. Benedikt gebetet *und* gearbeitet: Sie haben gerodet, geackert, gepflanzt und schließlich auch „an erhöhtem Orte an des Bruchlandes Grenze"ein kleines Holzkirchlein gebaut. Es war dem Hl. Georg geweiht, dem Drachentöter - und jeder wusste, welcher „Drache" damit gemeint war. In späterer Zeit gelangte die Region in den Besitz des Markgrafen von Baden-Durlach. Und weil sich der Markgraf zum Protestantismus bekannte, wurde auch in Spöck um 1556 die Reformation eingeführt. Nach dem Orkan des 30jährigen Krieges lebten in Spöck noch 16 Bürger. Da lag es nahe, dass man hier Glaubensflüchtlinge aufnahm. So begann die Geschichte von Friedrichstal.

(118) Stutensee-Spöck. Wie eine Giebel-Parade nimmt sich das Straßenbild aus.

(119) Stutensee-Spöck. Die evangelische Kirche. Schon im 9. Jahrhundert wird eine Vorgängerkirche erwähnt, die dem Hl. Georg geweiht war.

Damals

Stadt Stutensee

Stadtteil Staffort

Der Ortsname hatte im Laufe der Zeit mancherlei Gestalt. 1110 schrieb man *Stafphort.* Damals trat der Ort zum ersten Mal ins Licht der Geschichte. Kein Geringerer als Kaiser Heinrich V. hat seinerzeit die Urkunde unterschrieben. Historiker gehen allerdings davon aus, dass schon zur Römerzeit um 25 nach Chr. an der

(120 oben) Stutensee-Staffort. Ein prächtiges Ensemble von Fachwerkhäusern.

(121 rechts) Inschrift an einem Haus
Wer will bauen an Straßen / der muß ein jeder weder reden laßen /
Ich achte meinen Hasser / gleich wie das Regenwasser /
und ob sie mich schon meiten/ so misen sie doch leiten /
daß Gott min Helfer sein / Hans Peter Haug und Haugin 1719

Damals

Handelsstrasse von Hochstetten zur römischen Station Stettfeld ein römisches Kastell bestanden hat und zwar genau hier *an der „steten Furt“* über die Pfinz. *Stete Furt,* diese Worte sind in den Namen „Staffort“ eingegangen. Die Römer hinterließen mancherlei Spuren. So wurden unter anderem vier römische Teller mit Töpferstempel gefunden. Man geht davon aus. dass auf den Grundmauern dieses Kastells das steinerne Haus des *„Ritters von Staphurt“* errichtet worden ist. Dieser Ritter *Ruedegerus de Staphurt* wird erstmals 1157 als Dienstmann des Bischofs von Speyer urkundlich erwähnt. Im Jahr 1377 trat Gerhard von Staphurt in den Dienst eines Edelknechtes beim badischen Markgrafen. Staffort hatte also über lange Zeit einen ritterlichen Ortsadel, der in einem Schloss residierte. Schloss und Dorf Staffort blieben nach vielen Konflikten zwischen dem Bischof von Speyer und dem Markgrafen von Baden ab 1424 endgültig in badischem Besitz. Heute weist nur noch der „Schlossbuckel“ auf dieses ehemalige Schloss hin. Erhalten geblieben ist lediglich ein Plan aus dem Jahr 1762, aus dem hervorgeht, dass es „mit Wassergräben und Zwingel-Mauern ringsum eingefangen und umb zünt ist“. Im Pfälzischen Erbfolgekrieg wurde es 1689 vom französischen General Melac zerstört. Übrig blieb das tiefe Gefängnis, in dem man noch einige Zeit *„boshafte und halsstarrige Leute in dem Flecken Staffurth zu bändigen“* versuchte. Beim Bau von Schloss Stutensee bediente man sich gerne der behauenen Steine, die hier in den Trümmern zu holen waren. Vor 1803 lag Staffort im Dreiländereck zwischen der Kurpfalz (Weingarten), dem Hochstift Speyer (Büchenau und Untergrombach) und der Markgrafschaft. Landesgrenzsteine mit dem speyerischen Kreuz, kurpfälzischer Raute und badischem Wappen sind aus

Stadt Stutensee

Stadtteil Staffort *(Forts.)*

dieser Epoche erhalten geblieben. Auf dem Stafforter Friedhof haben sie ein Refugium gefunden. Eine andere Erinnerung hat man auf einer Bronzetafel am „Kirchplatz“ festgehalten. Eingeweiht wurde am 30. April 1981 ein Platz, an dem die erste Kapelle 1563 erwähnt ist. Nach der Zerstörung des Dorfes 1689 war sie erweitert wieder aufgebaut worden. Des landesweit bekannten Pfarrer Dr. h.c. Aloys Henhöfer wird gedacht und der Tatsache, dass nach dem Neubau der Kirche im Jahre 1900 das „alte Gotteshaus von der örtlichen Landwirtschaft als Milchsammelstelle und Tabakverwiegehalle benutzt“ worden ist.

(122) Stutensee-Staffort. Das Rathaus wird für den 1. Mai beflaggt. Zu erkennen ist das Wappen der Stadt Stutensee rechts und das Wappen von Staffort in der Mitte: Der Wappenschild in Rot, eine silberne Schnalle mit goldenen Beschlägen und goldenem Dorn.

Damals

(123) Die evangelische Kirche in Staffort neben dem Rathaus wurde 1900 eingeweiht. Eine Vorgängerkirche, die 1563 erwähnte erste Kapelle des Dorfes, stand am heutigen „Kirchplatz“

Damals

Gemeinde Sulzfeld

Sulzfeld hat eine sehr alte Siedlungsgeschichte. Bei der Erschließung eines Neubaugebietes in der Mitte des letzten Jahrhunderts kam ein merowingisches Gräberfeld aus dem 7. Jh. ans Tageslicht. Erstmals urkundlich erwähnt wurde der Ort im Jahr 1075 im sog. *Codex Hirsaugiensis,* in welchem der Abt des Klosters Hirsau die Schenkungen festhalten ließ. Dort wird berichtet, dass Kaiserin Agnes, die Mutter des bekannten Canossa-Kaisers Heinrich IV., Sulzfeld mit 5 Huben Land belehnt hat. Über die Jahrhunderte hinweg und bis in die Gegenwart ist der Ort mit der Geschichte der *Freiherren Göler von Ravensburg* verbunden, deren Burg hoch über dem Ort noch heute Wahrzeichen Sulzfelds ist. Bereits im Jahre 1522

(124) Grabstein auf dem Friedhof in Sulzfeld: Die Freiherren Göler von Ravensburg waren mit den bekanntesten Adelsfamilien verwandt: Hier mit dem Haus von Bohlen und Halbach.

(125 rechts) Blick von der Ravensburg in die Weinberge oberhalb des Ortes

Damals

führte Bernhard Göler von Ravensburg in seiner Gemeinde die Reformation ein. Er gehörte zu der Ritterschaft des Kraichgaus, die im Schmalkaldischen Krieg (1546 -1547) auf protestantischer Seite gegen Kaiser Karl V. kämpfte. Hundert Jahre später im 30jährigen Krieg machte Zerstörung und Pest auch vor den Toren von Sulzfeld nicht halt. Die Chronik berichtet, dass am Ende dieses schrecklichen Krieges 1648 im Ort nur noch 59 Bürger und 7 Witwen am Leben waren. Durch die Ansiedlung von Zuwanderern, viele aus der Schweiz, konnte der Wiederaufbau rasch begonnen werden. Nicht immer ging es der Bevölkerung gut, und mancher Unzufriedene schloss sich 1848 der revolutionären Bewegung an. Wirtschaftlichen Aufschwung brachte das örtliche Vorkommen von Gipskeuper (als Düngemittel verwendet) und des Keupersandsteins, der sehr gefragt war.

Nicht zuletzt prägt aber der Weinbau die Gemeinde, der Sulzfeld zu einer der größten Weinbaugemeinden Nordbadens macht.

Metzgerei & Partyservice Sauter

Meisterliche Fleisch- und Wurstwaren

Hauptstraße 59, Sulzfeld

Albrecht, Martina und Sascha Sauter (v.l.n.r.)

Die Metzgerei Sauter in Sulzfeld steht mit ihrem guten Namen seit über 135 Jahren und vier Generationen für erstklassige Qualität und handwerkliche Tradition.

Die Erfolgsgeschichte geht zurück bis ins Jahr 1875, in welchem Matthäus Sauter und seine Frau die Metzgerei gegründet und mit ihren eigenen Rezepten den Grundstein für das Familienunternehmen gelegt haben. Die Frische und Qualität ihrer Produkte, die sie mit großem handwerklichen Können herstellten, war für sie von größter Wichtigkeit. Mit großem persönlichen Einsatz brachten sie viele Jahre das Unternehmen positiv voran und gewannen das Vertrauen vieler Kunden.

Im Jahr 1910 fand der erste Generationswechsel statt. Nachdem August und Albert Sauter, die Söhne der Firmengründer, das Metzgerhandwerk von der Pike auf gelernt hatten, übernahmen sie den florierenden Familienbetrieb und führten diesen engagiert bis 1939 ganz im Sinne ihre Eltern erfolgreich weiter.

Mit Karl Sauter stand bereits die dritte Generation bereit. Auch er erlernte mit großem Interesse alle Regeln der Kunst des Metzgerhandwerks und sammelte zunächst zahlreiche Erfahrungen in verschiedenen Betrieben, so zum Beispiel von 1910 bis 1929 im Badischen Hof.

Von 1946 bis 1978 führte Karl Sauter mit seiner Frau Emmy, die ihm in all den Jahren tatkräftig zur Seite stand, die traditionsreiche Metzgerei und auch sie überzeugten mit handwerklichem Können, Frische und Qualität.

Albrecht Sauter und seine Frau Martina, die den Familienbetrieb im Jahr 1978 in vierter Generation übernommen haben, sehen sich ebenso der Tradition ihres Handwerks verpflichtet. Seit 2010 ist Sohn Sascha Sauter als Teilhaber mit eingestiegen, seitdem lautet die Firma Albrecht + Sascha Sauter GbR.

Jede Generation der Familie Sauter hat aber nicht nur mit Liebe zum Beruf und zur Tradition, sondern auch mit viel Fleiß und unternehmerischen Weitblick zum Erfolg und kontinuierlichen Ausbau der Metzgerei beigetragen. So verwöhnen Albrecht und Martina Sauter ihre zahlreichen Kunden mit ihren schmackhaften Waren heute nicht nur im Hauptgeschäft in Sulzfeld, sondern auch in ihren drei Filialen in Zaberfeld, Kürnbach und Güglingen. Ihr erfahrenes, gut geschultes und freundliches Mitarbeiterteam nimmt sich viel Zeit für ihre Kunden und berät diese gerne professionell und ausführlich.

Seit der Firmengründung wurden die Familienrezepte durch stetige Weiterentwicklung zu den Spezialitäten von heute verfeinert. Bereits 1875 stellte der Firmengründer Matthäus Sauter das erste Mal die Hausmacher Rauchenden her, die heute zu beliebten Produkten zählen, welche die Firmenphilosophie widerspiegeln: Ein traditionelles Rezept in Verbindung mit einer feinen Auswahl an Zutaten und moderne Ernährungsgrundlagen bei der Zusammensetzung der Rohstoffe machen nicht nur die Hausmacher Rauchenden zu einer einzigartigen Spezialität!

Traditionell handwerkliches Können kombiniert mit junger Küche ist die Grundlage für die Produkte der Familie Sauter. Das Vertrauen ihrer zahlreichen zufriedenen Kunden bestärkt sie tagtäglich in ihrer Arbeit. Aber auch Qualität steht an oberster Stelle und der Kunde kann sich sicher sein, bei der Metzgerei Sauter ausschließliche einwandfreie Fleisch - und Wurstwaren zu erhalten. Ihre Philosophie setzt sich zusammen aus neuesten Techniken, stetiger Weiterbildung, Trendforschung und Kundenbefragung. Albrecht und Martina Sauter und all ihre Mitarbeiterinnen und Mitarbeiter identifizieren sich mit ihrem Beruf und verwenden ausschließlich beste Rohstoffe. Durch das Zusammenspiel von traditionellem Handwerk mit moderner Technik stellen sie täglich Fleisch- und Wurstwaren von gleicher Standard-Spitzenqualität her, die der Kunde bei jedem ihrer Produkte schmeckt!

Im Traditionsunternehmen Sauter wurde schon immer sehr großen Wert auf Qualität und Sicherheit gelegt. Deswegen hat sich die Familie Sauter zum Ziel gesetzt, für ihre Kunden ehrliche und gesunde Nahrungsmittel aus der Region für die Region mit kurzen, jederzeit nachvollziehbaren Vermarktungswegen zu schaffen. Ihre Schweine beziehen sie von dem Familienbetrieb Hecker, in welchem diese nach dem Markenforschungsprogramm „HQZ Baden-Württemberg“ artgerecht aufgezogen und ausschließlich mit einer natürlich-gesunden Getreideschrotmischung aus heimischer Gerste, Weizen und Mais gefüttert werden. Auf Tier- und Knochenmehle, Leistungsförderer und Fette sowie auf antibiotische Futterzusätze wird hierbei konsequent verzichtet. Die Rinder stammen von der bäuerlichen Erzeugergemeinschaft Schwäbisch Hall. Die Bullen werden dort mit Mais, Sojaschrot, Schrot aus Getreide und Körnermais, und als leckeren Nachtisch mit gutem Wiesenheu gefüttert.

Aus Überzeugung werden keine Hormone und Masthilfsmittel eingesetzt. So ist auch das Rindfleisch bei der Familie Sauter ausschließlich von Spitzenqualität. Es stammt von jungen Tieren mit Herkunftsnachweis und wird nach ihrer einzigartigen Reifemethode gereift. In einem speziell dafür errichteten Kühlhaus, in dem die Luft sterilisiert wird, um unerwünschte Bakterien auszuschließen, durchläuft das Fleisch seinen Reifeprozess mit Sauerstoff. Diese natürliche Reifung garantiert dem Kunden ein schmackhaftes, mildes, zartes Fleisch, das noch schmeckt, wie man es von früher her gewohnt ist.

In der Metzgerei Sauter erwartet den Kunden ein reichhaltiges und schmackhaftes Angebot an Fleisch und Wurstwaren mit regionalen und saisonalen Spezialitäten. Im Hauptgeschäft in Sulzfeld gibt es zusätzlich einen täglich wechselnden Mittagstisch mit ausgesuchten Zutaten. Der professionelle und individuelle Partyservice ist der Garant für ein gelungenes Fest, egal, ob klein oder groß.

Die kompetenten Fachleute der Metzgerei Sauter verführen die Gäste mit Spezialitäten für Gourmets wie auch mit Bodenständigem und Schmackhaftem für jeden Anlass. Das Angebot reicht von warmen Snacks, Häppchen, Vorspeisen und Suppen über gefüllte Braten, Fischspezialitäten, Schnitzel, Geflügel- und Wildspezialitäten, aber auch Vegetarischem, bis hin zu Beilagen, frischen Marktsalaten, Gemüse, Dessert- und Obstauswahl. Alle Speisen werden aus hochwertigen Produkten zusammengestellt, die auch optisch überzeugen.

Albrecht und Martina Sauter geben ihre Liebe zum Beruf sowie ihre langjährigen Erfahrungen und ihr Können im traditionellen Metzgerhandwerk gerne weiter und bieten Jugendlichen regelmäßig die Möglichkeit einer professionellen und fundierten Ausbildung.

Erfahren Sie mehr unter:

www.metzgerei-a-sauter.de

Ubstadt - Weiher

(126) Weiher. Die katholische Kirche St. Nikolaus. Der schöne gotische Chor blieb beim Neubau der Kirche (als Seitenkapelle).

Die Gemeinde entstand 1970 in der Verwaltungsreform aus der Fusion von Ubstadt und Weiher. In den beiden folgenden Jahren kamen Stettfeld und Zeutern hinzu. Alle diese Orte können auf eine lange Geschichte verweisen. Als „Hubestat" wird *Ubstadt* schon 769 erstmals urkundlich erwähnt. Es gehörte bis zur Säkularisation im Jahre 1803 zur fürstbischöflichen Herrschaft Speyer. Mittelalterliche Urkunden berichten wiederholt von einem Ortsadel, deren ehemalige Burg man in der Nähe der Andreaskirche vermutet. Der 30jährige Krieg hat mit seinem Wüten auch hier entsetzliche Wunden geschlagen. Es soll 1622 nahezu dem Erdboden gleich gemacht worden sein. Berühmt geworden ist 2 Jahrhunderte später ein militärischer Schlagabtausch während der badischen Revolution, bei dem Freischärler aus dem Kirchturm gestürzt worden sind. Ein

Damals

Gedenkstein am Ortsausgang Richtung Bruchsal erinnert an dieses Ereignis. *Weiher* wird als Weiler beim Dorf Ubstadt 863 in einer Urkunde des Klosters Lorsch genannt. Auch hier wird von einem Ortsadel, den „Herren von Wilre“ berichtet, die vermutlich im Dienst des Landesherren, dem Fürstbischof von Speyer standen. Die Zugehörigkeit zum „Hochstift“ Speyer prägte auch die Geschichte von Weiher bis 1802. In der Reformationszeit blieben diese fürstbischöflichen Orte beim alten Glauben.

Der Ort *Zeutern,* erstmals in der Regierungszeit Karls des Großen erwähnt, war im Besitz des Klosters Odenheim, gehörte eine Zeitlang zu den Herren von Kißlau bis schließlich auch dieser Ort zum Hochstift kam. Hingewiesen wird in der Zeuterner Ortsgeschichte auf den Minnesänger Reinmar von *Zweter*, weil dieser wahrscheinlich aus einem Zeuterner Adelsgeschlecht hervorging. Seine Lieder fanden Aufnahme in der berühmten Manesse-Handschrift, was seine Bedeutung als Dichter unterstreicht.

(127) Ubstadt. Vom Turm der Andreaskirche wurden 1849 Freischärler aus der Gegend zu Tode gestürzt. Man hat die Erinnerung daran wachgehalten.

Gebrüder Engler

Stuckateure • Restauratoren
Weiherer Straße 72 - 74, Ubstadt-Weiher

Engler steht schon seit über 60 Jahren für Qualität am Bau!

Mit über 60-jähriger Unternehmenstradition bietet der Stuckateurbetrieb Engler individuelle und hochqualitative Lösungen. Entsprechend der Firmenphilosophie „Meisterliche Arbeit anstatt Quantität auf Kosten der Qualität" werden folgende Leistungen kompetent erbracht: Stuck, Altbausanierung und Restauration, historische, organische und antiallergene Putze, Gebäudeenergieberatung und energetische Sanierungsberatung nach neuesten Richtlinien, Ausstellen von Energieausweisen, Thermografie, Innen- und Außenputzarbeiten, Trockenausbau, Vollwärmeschutzsysteme sowie Schimmelsanierung, dessen Erkundung mit einem Schimmelspürhund und gutachterliche Stellungnahme.

Am 1. Oktober 1949 nach der Währungsreform und zu Beginn des wirtschaftlichen Wiederaufbaus der Bundesrepublik Deutschland wurde von den Brüdern Friedrich und Stefan Engler der Grundstein des Traditionsbetriebes Gebrüder Engler gelegt und bei der Handwerkskammer Karlsruhe angemeldet und eingetragen. Bereits 1950 konnten die ersten großen Maßnahmen durchgeführt werden. Das Postamt in Bruchsal war seinerzeit ein Meilenstein in der Firmengeschichte.

1952 trat Martin Engler, der dritte Bruder, in den Betrieb als Gesellschafter ein. Damals wurde noch mit einer relativ kleinen Anzahl von Facharbeitern in verschiedenen Städten und Dörfern gearbeitet. Der Schwerpunkt der Tätigkeiten lag in den ersten Jahren im nordbadischen Raum, wo unter anderem auch am Nachkriegsbau mitgewirkt wurde.

Schon bald zeigte sich, dass bedingt durch den stetig gestiegenen Kundenkreis sowie durch Großaufträge in Mannheim, Heidelberg, Karlsruhe und Bruchsal eine Vergrößerung des Betriebes unumgänglich war. Zu den Kunden zählten und zählen heute noch u.a. Flüwo Gemeinnützige Baugenossenschaft, VoWo Karlsruhe, OPD Karlsruhe, Stadtbauämter, Staatliches Hochbauamt Karlsruhe, Erzbischöfliche Bauämter, Aachener und Münchener Versicherungsgesellschaft Karlsruhe sowie diverse öffentliche und private Bauherren. So erfolgte 1953 die Verlagerung der Firma zum heutigen Firmenareal in der Weiherer Straße und es wurden stetig mehr Mitarbeiter beschäftigt.

1977 schieden Stefan und Martin Engler aus dem Familienbetrieb aus. 1978 traten Michaela Böser-Engler, die Tochter des Firmengründers Friedrich Engler, und ihr Mann Emil Böser in die Geschäftsführung ein und brachten frischen Wind in das Unternehmen. Als weiteres Standbein bauten sie den Silotransport sowie den Fuhr- und Baggerbetrieb aus. Die beiden blieben dem bewährten Firmenkonzept treu und so wurden zahlreiche Großprojekte geschaffen, wie zum Beispiel die Kirche in Walldorf, das Studio Mannheim des Süddeutschen Rundfunks, aber auch die Generalbundesanwaltschaft in Karlsruhe.

Emil Böser, der Maschinenbautechniker und Stuckateurmeister ist, brachte eine zusätzliche Qualifikation mit, die seither den Kunden zugutekommt. Als gelernter Restaurator brachte er von nun an zahlreiche Fachwerkhäuser fachmännisch wieder in Schuss und kennt sich bestens aus mit den früher gängigen Materialien und Bausubstanzen und kann mit ihnen optimal umgehen.

Zum 50-jährigen Firmenjubiläum am 1. Oktober 1999 würdigte Bürgermeister Helmut Krit-

Schmidtsches Fachwerkhaus erbaut 1492, restauriert 1992

zer in Rahmen einer Feierstunde die Pionier- und Aufbauleistung der Gebrüder Engler für Ubstadt-Weiher und verglich die Handwerksbetriebe mit dem Rückgrat der Gemeinde. Er bescheinigte ihnen, dass sie und ihre seitherigen Nachfahren „Dynamit im Blut haben", ansonsten hätte ein solches Werk nicht gelingen können. Kreisobermeister Joachim Wohlfeil überbrachte Glückwünsche und eine Ehrenurkunde für die Handwerkskammer und die IHK. Die Firma habe nie gefragt, was der Staat für sie tun kann, sondern habe von sich aus die Aufbauleistung mit handwerklicher Maßarbeit erbracht. Ebenso gratulierte Thomas Kretzel im Namen der Stuckateurinnung Bruchsal. Selbstverständlich feierte auch die Belegschaft mit und Ferdinand Czink überreichte in ihrem Namen der Geschäftsleitung ein Aquarell mit Ubstadter Ansichten.

Im Jahr 2000 wurde dem Stuckateurbetrieb Engler beim ersten Bundesdeutschen Architekturpreis in Berlin der zweite Preis für beispielhafte Leistungen in der Architektur in Verbindung mit Putz verliehen. Unter 188 deutschlandweit bewerteten Objekten hat die Jury die durch die Firma Engler durchgeführten Verputzarbeiten an der Generalbundesanwaltschaft in Karlsruhe prämiert. Professor Peter Scheret, Bausachverständiger und Jurymitglied, lobte insbesondere die handwerkliche Kompetenz und Erfahrung, mit der das Karlsruher Prestigeobjekt bearbeitet wurde.

Zeitweise beschäftigte die Firma Engler mehr als 100 Mitarbeiter. Heute steht Emil Böser und seiner Frau Michaela Böser-Engler ein erfahrenes, qualifiziertes und stets aktuell geschultes Team mit 2 Stuckateurmeistern und Restauratoren, 12 Facharbeitern, 2 Verwaltungsangestellten und Auszubildenden tatkräftig zur Seite. Seit der Firmengründung wurden weit über 70 Lehrlinge kompetent und umfassend ausgebildet. Die Mitarbeiter fühlen sich dem Familienbetrieb sehr verbunden und halten ihm über viele Jahre die Treue. Außerdem ist das Unternehmen Mitglied im „Restaurator im Handwerk e.V." sowie im GIH – „Gebäudeenergieberater Ingenieure Handwerker Baden-Württemberg e.V."

Der Stuckateurbetrieb bietet seinen Kunden, zu denen private und gewerbliche Bauherren sowie öffentliche Institutionen, staatliche Hochbauämter und Kirchbauämter gehören, beispielhafte Zuverlässigkeit und ein höchstes Maß an Qualität in Verbindung mit einer kompetenten Fachberatung. In den letzten Jahren kamen weitere zufriedene Kunden hinzu: Die Klaus Tschira Stiftung Heidelberg, Sparkassen, Vermögen und BAU Karlsruhe und viele Industriebetriebe.

Und wenn nichts mehr zu sanieren ist, führt die BÖSER-ENGLER GmbH Transporte KG in Ubstadt als regionaler Partner den Abbruch bzw. einen selektiven Rückbau profesionell durch.

Das Traditionsunternehmen Engler hat seit der ersten Stunde unzählige große und kleine Aufträge bei Einfamilienhäusern und auf Großbaustellen ausgeführt. Durch die Kombination von Erfahrung und Flexibilität sowie durch den Fleiß und die Treue der Mitarbeiter zum Betrieb, aber auch durch das besondere Eingehen auf die Kunden, hat es sich seinen guten Namen gemacht. Trotz teilweise schwierigster Umstände in den Anfangsjahren hat die Familie Engler stets mit Gottvertrauen in die Zukunft geblickt - und dies wird auch weiterhin so bleiben.

www.engler-stuckateure.de

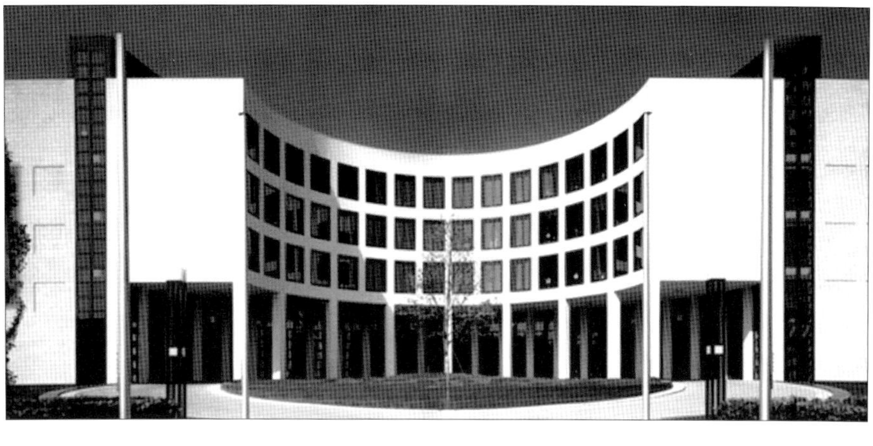

2. Platz beim „deutschen Architekturpreis Putz 2000"
Projekt: Generalbundesanwaltschaft in Karlsruhe

Damals

Der Brillenmacher

Ich mach gut Brillen / klar und liecht/
Auff mancherley Alter gericht/
Von vierzig biß auff achtzig jarn/
Darmit das gsicht ist zu bewarn/
Die gheuß von Leder oder Horn/
Dreyn die gläser poliert sind worn/
Dadurch man sicht / gar hell und scharf/
Die find ihr hie / wer der bedarff.

HEWI Schmuck & OPTIK Heger

Geschmackvolle Produkte und erstklassiger Service

Hauptstraße 9, Ubstadt-Weiher

www.hewischmuck.de
www.optikheger.de

Sibylle Heger-Reinacher führt seit über 15 Jahren engagiert die zwei Firmen HEWI Schmuck und OPTIK Heger, die sich heute mit modernen Produkten, modernster Technik und einer individuellen freundlichen Beratung präsentieren.

Albert Böser, der Großvater von Sibylle Heger-Reinacher, hatte bis **ca. 1954** eine Zigarrenfabrik in der Hirschstraße in Weiher. **1956** gründeten ihre Eltern, Karl und Lore Heger, im Gebäude der ehemaligen Zigarrenfabrik die Firma HEWI Schmuck unter dem Namen Bijouteriefabrik Weiher. Mit teilweise bis zu 10 Goldschmieden produzierten sie Goldschmuck, wobei hauptsächlich Damen- und Herrenringe, aber auch Broschen und Anhänger gefertigt wurden, womit der Großhandel in der gesamten Bundesrepublik Deutschland einschließlich Berlin beliefert wurde. Wegen der konjunkturellen Lage und der stetig stärker gewordenen in- und ausländischen Konkurrenz ging man schließlich zum Schmuckwarenhandel über. Wegen der betrieblichen Umstrukturierung zog die Firma **1971** mit den gesamten Verkaufs- und Lagerräumen um an den heutigen Standort in der Hauptstraße 9 und es wurden nur noch zwei Goldschmiede beschäftigt. **1974** wurde der Firmenname von Bijouteriefabrik Weiher über HEKA Schmuck zu HEWI Schmuck geändert. Als Karl Heger **1979** verstarb, übernahm seine Frau Lore Heger die Geschäftsführung.

Am **25.01.1984** gründete Sibylle Heger-Reinacher, die Tochter von Karl und Lore Heger, die Firma OPTIK Heger im selben Gebäude in der Hauptstraße 9. **1995** übernahm Sibylle Heger-Reinacher HEWI Schmuck von ihrer Mutter, von der sie aber weiterhin tatkräftig unterstützt wurde, bis diese **2009** mit 79 Jahren in den Ruhestand ging. Heute sind bei HEWI Schmuck drei Halbtagskräfte sowie eine Augenoptikergesellin bei OPTIK Heger beschäftigt.

Für Sibylle Heger-Reinacher ist Schmuck „ein Zeichen von Geschmack" und führt bei HEWI Schmuck ein vielfältiges Sortiment an erlesenen Schmuckstücken und Uhren von renommierten Herstellern für die unterschiedlichsten Anlässe. Ein professioneller Goldschmiedemeister führt alle Reparaturen und Änderungen rund um den Schmuck durch, egal ob Silber oder Gold, ob alt oder neu. Ein externer Uhrmachermeister kümmert sich um jegliche Uhrreparaturen. Der Komfortservice beinhaltet: Weitung/Verkleinerung von Ringen, Verlängerung/Reparaturen von Ketten, Ersetzen von Steinen, Anbringen von Verschlüssen, Neu-Fädeln/Knoten von Perlenketten, Neu-Aufziehen von Steinarmbändern auf Gummi, Gravuren, Batteriewechsel bei Uhren, Altgoldankauf nach Tageskurs.

Bei OPTIK Heger wird nach dem Motto „Sichtbare Unterschiede" jede Brille speziell auf den Kunden abgestimmt und in der eigenen Werkstatt angefertigt. Augenprüfungen zur Ermittlung des individuellen Sehprofils, Führerscheinsehtests, Messungen des Augeninnendrucks sowie Kontaktlinsenanpassungen werden mit modernsten Geräten durchgeführt. Neben einer großen Auswahl Brillen, Fassungen und Kinderbrillen, gibt es auch die unterschiedlichsten Sehhilfen. Reparaturen werden schnellstmöglich erledigt. Ergänzt wird das Angebot durch Passbilder, Bewerbungsbilder und biometrische Bilder, die sofort mitgenommen werden können.

HEWI Schmuck und OPTIK Heger sind durch ihre freundliche Atmosphäre, sachkundige Beratung, qualitativ gute Arbeit, faires Preis-Leistungsverhältnis und erstklassigen Service nicht mehr wegzudenken.

Damals

Ubstadt - Weiher
Ortsteil **Stettfeld**

***Stettfeld* ist von allen Teilorten wahrscheinlich der älteste. Für die letzten vorchristlichen Jahrhunderte sind keltische Siedler bezeugt. Bekannt durch viele Ausgrabungsfunde ist dann die römische Straßenstation an der Kreuzung der Ost/West- und Nord/Süd-Verbindungen genau an dieser Stelle. Das bedeutende Gräberfeld zeugt von der Größe der römischen Siedlung. Im Mittelalter findet man auch hier einen Ortsadel. Über die Herren von Kißlau gelangte Stettfeld in den Besitz des Fürstbischofs**

(128) Stettfeld, Römer-Museum: Röm. Meilenstein aus der Zeit von Kaiser Marc Aurel

von Speyer und schließlich 1802 zur Markgrafschaft Baden.

(129 links) Ortsteil Stettfeld, röm. Museum: Reliefdarstellung der (keltischen) Göttin Epona, als 'Herrin der Pferde' im römischen Heer sehr geschätzt.

(130 oben) Die gotische Kirche in Stettfeld ist dem heiligen Marcellus geweiht

Damals

Stadt Waghäusel

Die Anfänge

Die heutige Stadt *Waghäusel* entstand 1975 durch den Zusammenschluss der ehemals selbständigen Gemeinden *Kirrlach, Waghäusel* und *Wiesental.* Im Jahr 1977 wurde der neuen Großgemeinde ein eigenes Wappen verliehen:

In gespaltenem Schild sieht man rechts ein *silbernes Kreuz.* Hingewiesen wird damit auf das „Speyerer Kreuz" und will daran erinnern, dass alle drei Stadtteile Jahrhunderte lang zum Territorium des Bistums Speyer gehörten.

Die *rote Kapelle* im linken Feld symbolisiert den Ursprung des Stadtteils Waghäusel, welcher der neuen Gemeinde den Namen gab. Es meint eine Geschichte, die auf das Jahr 1435 zurückgeht. Da soll ein Schäfer ein wundertätiges Madonnenbild entdeckt haben. Man hat für dieses 1472 die Kapelle *Zum Waghus* erbaut, die bald zu einem wohl bekannten und besuchten Wallfahrtsort geworden ist.

(131) Das neue Wappen der Großgemeinde Waghäusel

Die Existenz des Dorfes *Kirloch* (das heutige Kirrlach) bezeugt erstmals eine Urkunde von 1234. Wiesental tritt erst 1297 in der Schreibweise *Wiesenten* ins Licht der Geschichte. Natürlich sind das zufällige Nennungen, die mit irgend einem Kauf- oder Schenkungsvorgang zusammen hängen, was schriftlich festgehalten werden musste. Die Besiedlung der Region geht vielmehr sehr weit in vorgeschichtliche Zeiten zu-

rück. Die Epochen der Steinzeit, der Bronze- und Eisenzeit sind durch Bodenfunde belegt. Sehr zahlreich sind die Spuren zwar nicht; aber wahrscheinlich waren die Lößböden im östlichen Kraichgau einfach attraktiver, weil fruchtbarer als die sehr sandigen hier in der Lußhardt. Ein interessanter Einzelfund aus dem Jahr 1904 ist ein bronzezeitliches zweischneidiges Messer, das sich heute im Reiß-Museum in Mannheim befindet.

Ganz anders verhält es sich mit der Zeit, als die Römer um die Zeitenwende unser Land in ihr Weltreich einzufügen begannen. Ein besonderer Siedlungsschwerpunkt lag im nahen Stettfeld, das heute mit einem Römermuseum daran erinnert. Auf der Waghäuseler Gemarkung ist das wohl bedeutendste Denkmal aus jener Zeit das römische Kleinkastell in der Nähe des Wagbachs an der südöstlichen Gemarkungsgrenze. Seine Entstehungszeit

(132) Dieses römische Relief aus dem Stettfelder Römermuseum stellt oben die keltische Göttin Ebona mit sieben Pferden dar und unten einen Wagenzug mit einem Dankopfer

Damals

wird um 80 n.Chr. angenommen, doch schon 40 Jahre später ist diese Anlage wieder aufgegeben worden. Aus dem Wagbachkastell aber entwickelte sich eine zivile Römersiedlung, die zumindest bis ins 3. Jh. hinein überdauerte. Man konnte schon Ende des 19. Jhs. im Gewann Ziegelwiesen auch für Kirrlach Spuren einer kleinen 'villa rustica' nachweisen.

Um das Jahr 260 n. Chr. ,mit Beginn der Völkerwanderung, kommt die Geschichte der Römer bei uns langsam zu ihrem Ende. Doch vergehen nun wieder Jahrhunderte, bis im 7. Jahrhundert östlich der heutigen Markungsgrenze von Waghäusel *merowingische* Reihengräber angelegt wurden. Die Gräber hatten reiche Grabbeigaben. Man kann also nicht nur von einer nahen Siedlung ausgehen, sondern auch von vornehmen, wahrscheinlich politisch führenden Siedlern.

Und wiederum geht ein halbes Jahrtausend ins Land, bis für das 13. Jahrhundert die eingangs erwähnten urkundlichen Ersterwähnungen von Kirrlach (*Kirloch*) und Wiesental (*Wisenten*) vorhanden sind. Die Wiesentaler Urkunde gibt einen interessanten Einblick in die Siedlungspolitik des Speyerer Bischofs Friedrich von Bolanden. Salische Kaiser hatten schon im 11. Jahrhundert die gesamte Lußhardt dem Bistum Speyer geschenkt. Dieses Land rechts des Rheins bildete im Verlauf der weiteren Geschichte das zentrale Herrschaftgebiet der Fürstbischöfe von Speyer, dieses „Hochstift“ war das Ländchen der Fürstbischöfe. Wahrscheinlich ist gleich zu Beginn dieser Herrschaft mit Wald Roden und Aufsiedeln - auch in der Kirrlacher Gemarkung - begonnen worden. Genaues über dessen Gründung ist unbekannt. Anders bei Wiesental. In der Urkunde von 1297 werden grundsätzliche Bestimmungen für neue Siedlungen (auch Wiesental) gemacht, etwa was die Größe oder was die Rechte und Pflichten der Siedler angeht.

(133 links) Waghäusel. Medaillon am Brunnen. Inschrift:
„Die Römer besetzten unser Land brachten Gesetz Kultur und auch den Wein"

(134 oben) Die „Kirche im Wald" (das ist die Bedeutung von „Kirloch"). Die Kirrlacher Kirche St. Kornelius und St. Cyprian weist noch Reste der gotischen Vorgängerkirche im Turm auf.

Damals

Stadt Waghäusel
- Der Ursprung des alten Waghäusel -

Entstehung der Waghäuseler Marienwallfahrt

Die älteste Überlieferung über den Ursprung Waghäusels enthält der *'Gründliche Bericht über den Ursprung Waghäuseleins'* aus dem Jahre 1710. Am Anfang steht eine Legende: *„Im Jahre 1435 hütete ein Schäfer in selbiger Gegend seine Schaaf und fand von ungefähr in einem hohlen Eichbaum ein steinernes Marienbildlein zweyen Spannen hoch, samt dem Kindlein auf*

(135 oben) Waghäusel. Blick von der Eremitage zur nahen Wallfahrtskirche
(136 rechts) Das Gnadenbild aus Sandstein dort ist etwa um 1470 entstanden
(Wallfahrtskirche zur „Mutter mit dem guten Herzen")

dem linken Arm. Dies truge er voller Freude nach Hause, verehrte mit seinem Gebett und hielte es für einen großen Schatz."Andern Tags war das Bildnis verschwunden. Es war in den Eichbaum zurückgekehrt. Auch sein nächster Versuch mißlang und zornig machte er sich daran, das Bild zu zerschlagen. Da hörte er eine himmlische Stimme: *„Halte ein. Zerschlag's nicht!"* Zutiefst erschrocken fiel er nieder an diesem heiligen Ort. Von wunderbaren Kräften wird berichtet, die nun von hier ausgingen. Die Kunde verbreitete sich im Land, Menschen pilgerten zu dem Eremiten, der die Dinge betreute - und zu der wundertätigen Maria. Dies veranlasste 34 Jahre später Bischof Matthias Rammung, für die Pilger eine Kapelle und für den betreuenden Eremiten das *Häuslein am Wagbach* zu bauen. Dieses gab *Waghäusel* seinen Namen. Auf Einladung von Fürstbischof Philipp Christoph von Sötern machten sich 1616 die ersten Kapuziner auf den Weg nach Waghäusel, um die Pilger zu betreuen. So entstand eine Klosteranlage für die Mönche. Aber auch die Kirche, als Wallfahrtsziel bald zu klein geworden, wurde immer wieder erweitert. Im 19. Jh. mussten alle Männerorden das Großherzogtum Baden verlassen. Das galt auch für die Kapuziner im Waghäuseler Kloster. Erst im Jahre 1920 kehrten sie zurück und nahmen ihr Leben und ihre Arbeit wieder auf.

Damals

Stadt Waghäusel

Die Eremitage

Eine neue Zeit begann für Waghäusel, als Fürstbischof Damian Hugo *von Schönborn*, der Erbauer des Bruchsaler Schlosses, die Einsamkeit Waghäusels als Ort für seine *Eremitage* wählte. Natürlich war es ein anderes „*Eremiten*dasein" als das des geistlichen „Häusels am Wagbach". Vorbild wurden die Trianonschlösser im Park von Versailles, die die *höfische* Idee einer Eremitage veranschaulichten. Und weil in der Zeit des Absolutismus die europäischen Fürsten ohnehin fasziniert nach Paris schauten, wollte sich der ehrgeizige Bau-Fürst ebenfalls ein solches Bauwerk gönnen. Einsam lag es, Rückzugsort konnte es sein, vor allem aber diente es als Jagdschloss für die ehrgeizigen Jagdveranstaltungen, die für einen Fürsten jener Zeit ebenfalls obligatorisch waren. Die architektonische Anlage der Eremitage weist einen Zentralbau auf, dem radial angeordnete Pavillons angebaut sind. Das Ganze ist mit

(137) Kardinal Damian Hugo Philipp von Schönborn, Fürstbischof von Speyer von 1719 - 1743. Die Eremitage in Waghäusel ließ er 1724 erbauen.

(138) Waghäusel. Die berühmte Eremitage. Links im Hintergrund ist die Wallfahrtskirche zu erkennen, in deren Nachbarschaft der Bauplatz bewusst gewählt war.

einem Wegestern kombiniert, dessen Strahlen sich in anschließenden Waldalleen fortsetzen. Nun war der Fürstbischof ja nicht nur Eigentümer des Schlösschens, sondern auch Eigentümer des benachbarten Klosters. Der Bauplatz war sicher mit Bedacht gewählt und man darf dem Fürstbischof unterstellen, dass ihm auch an einer Förderung des Wallfahrtsorts gelegen war. Aber die Jagdgesellschaften kamen und gingen. Zurück blieben neben den Patres und den Familien des Posthalters und des Gastwirtes nur noch die Bediensteten der Eremitage als Einwohner von Waghäusel. Das waren vielleicht 40 bis 60 Personen, viel zu wenig, um aus Waghäusel eine bürgerliche Gemeinde wie Kirrlach und Wiesental zu machen, zu wenig, um auf Dauer die wirtschaftliche Existenz Waghäusels zu sichern. Das änderte sich hundert Jahre später mit der Ansiedlung einer Zuckerfabrik.

Damals

Stadt Waghäusel

Die Schlacht von Waghäusel am 21. Juni 1849

Nach dem kläglichen Ende der bürgerlichen Revolution von 1848 /49 in Deutschland auf den Barrikaden von Berlin, gab es noch einen letzten Versuch der Demokraten, von Baden aus die *Republik* als Staatsform in ganz Deutschland durchzusetzen. Auf einem Landeskongress der Volksvereine in Offenburg im Mai 1849, bei dem bis zu 30 000 Menschen erschienen sein sollen, wurden die früheren Forderungen wiederholt: Wahl eines verfassungsgebenden Parlaments, Allgemeines Wahlrecht, Beachtung der Grundrechte wie Freiheit für Gewissen, Lehre und Meinungsäußerung, sowie ein Katalog von sozialen Forderungen. Friedrich Hecker und Gustav Struve, zwei Anwälte aus Mannheim hatten das 'Offenburger Programm' formuliert. Sie waren aber bereits 1848 durch ein ins Land gerufenes preußisches Heer besiegt und in die Flucht geschlagen worden. Jetzt, ein Jahr später, bewirkten die in Offenburg verabschiedeten Forderungen politische Veränderungen: Erst kam es zu einzelnen Soldatenmeutereien, am Ende schloss sich fast das ganze badische Heer der Revolution an. Der Großherzog floh und rief Preußen und den Bund um militärische Hilfe an. Nun hatten sich auch die Revolutionsanhänger zu sammeln. Unter dem Oberbefehl von Ludwig Mieroslawski wurden ein Revolutionsheer von 15.000 Mann von Neulußheim aus nach Waghäusel geführt, wo sich eine preußische Einheit von 5.000 Mann bei der Eremitage bzw. der Zuckerfabrik verschanzt hatte. Zwar konnten die Badener die Fabrik einnehmen, jedoch endete die Schlacht trotz des anfänglichen Erfolgs in einer totalen Niederlage. Am 23. Juli fiel dann auch noch die von den Republikanern gehaltene Festung Rastatt. Die badische Revolution war gescheitert. Es waren „Die Wegbereiter der Demokratie", die dort in der Schlacht bei Waghäusel verloren haben. Der Schweizer Dichter Gottfried Keller hat damals von Heidelberg aus die Auseinandersetzungen miterlebt. Er widmete der gescheiterten Revolution ein Gedicht in dem es heißt: *Ich sah des Sommers helle Glut / Empörtes Land durchziehn / Sie stritten um das höchste Gut / Geschlagen muss das freiste Blut / Aus hundert Wunden fliehn...*

(139) Waghäusel. Das Denkmal für die Freiheitskämpfer von 1849 wurde im Juni 1999 zum 150. Jahrestag der „Schlacht von Waghäusel" aufgestellt. Es wurde aus Spenden finanziert und ist Den Wegbereitern der Demokratie *gewidmet.*

Damals

Stadt Waghäusel

Die Zuckerfabrik- Der Weg in die Industrialisierung

Die Bevölkerungszahl wuchs so stark, dass Kirrlacher und Wiesentaler ab den 20er Jahren des 18. Jahrhunderts auswanderten, weil die Höfe am Ort zur Ernährung der wachsenden Bevölkerung nicht mehr ausreichten. Die Auswanderer nannten deshalb als Grund für die Auswanderung: *Wegen Abgangs der benöthigten Nahrung.* Es war deshalb ein Glücksfall, dass die Badische Gesellschaft für Zuckerfabrikation 1837 auf dem nach der Säkularisation ungenutzten Gelände der Eremitage eine *Zuckerfabrik* ansiedelte, bei der über mehrere Generationen hinweg Menschen aus Kirrlach, Wiesental und Waghäusel sowie der näheren und weiteren Umgebung Arbeit fanden. Immerhin beschäftigte diese Fabrik in guten Jahren rund 1.000 Menschen. Zum ersten Mal gab es Verdienstmöglichkeiten außerhalb der

Damals

Land- und Forstwirtschaft und der kleinen Handwerksbetriebe vor Ort.

Nach der Revolution 1849 schien ganz klar zu sein, dass ein wesentliches Ziel der Revolutionäre unter dem Schlagwort „Wohlstand und Freiheit für alle“ in eine fernere Zukunft gerückt war. So setzten sich die Auswanderungen fort. Wenn man sich das „Taglöhnerhaus“ in Kirrlach ansieht, einem im 19. Jh. verbreiteten Häusertyp, in dem bis zu 3 Generationen lebten, spürt man die Armut und Enge in den damaligen Lebensbedingungen.

Auch für die Fabrik wurde es eng: Transporte und Lagerung machten die Ware konkurrenzanfällig. Abhilfe kam von einer neuen Erfindung: Der Anschluss an die Eisenbahn gab der Zuckerfabrik Waghäusel die Chance, sich bis 1995 zu behaupten.

(140 links) Waghäusel. Die Silotürme der alten Zuckerfabrik geben in Verbindung mit der zierlichen Eremitage ein eigenartiges Bild
(141 oben) Waghäusel-Kirrlach. Das „Taglöhnerhaus“.
In solchen Häuschen wohnte hier im 19. Jh. ein Großteil der Bevölkerung.

Damals

Waldbronn

Wenn in der neuen Gemeinde Waldbronn in den 1970er Jahren die Orte *Busenbach, Etzenrot* und *Reichenbach* eine Kommunaleinheit eingingen, so war das in ihrer Geschichte nicht zum ersten Mal. Nachdem alle drei Dörfer zusammen bereits 1292 in einer Schenkungsurkunde erstmals erwähnt wurden, bildeten sie über 250 Jahre lang in der Zeit von 1533 bis 1793 eine kommunale Einheit im „Stab Reichenbach". Kirchlich gehörte dieser Stab Reichenbach zu Ettlingen. Die Waldbronner Schulgeschichte erzählt, dass die Kinder damals keine Schule in der Nähe hatten, sondern zu Fuß nach Ettlingen gehen mussten. Im Winter, wie es heißt, denn für einen Schulbesuch im Sommer konnte man die Kinder in der dörflichen

(142) Orteils Reichenbach. Bezaubernndes altes Straßenbild.

(143) Ortsteil Etzenrot. Von der Kirche am Ortsrand geht der Blick in eine weite Landschaft.

Landwirtschaft nicht entbehren. 1739 wurde dann die erste eigene Schule erwähnt. Sie befand sich in Busenbach und der Lehrer hatte nebenher noch die Dienste eines Schultheißen und Totengräbers auszurichten.

Mit der Albtalbahn nach Herrenalb und nach Ittersbach profitierten auch die Waldbronner Dörfer ab 1898 von der verbesserten Verkehrsanbindung. In neuester Zeit genießt die Gemeinde Waldbronn den Ruf eines Kurortes. 1976 wurde neben der neuen Kurklinik eine Thermalbad gebaut, die „Albtherme", die sich schnell zu einem Besuchermagnet entwickelt hat. Im Angebot finden sich neben dem eigentlichen Thermalbad ein Saunabereich, ein Dampfbad und ein Bewegungsbecken. Im nahe gelegenen „Haus des Kurgastes" werden nicht nur alle einschlägigen Beratungen angeboten; ein Lesesaal, in dem auch die neuesten Zeitungen ausliegen, ergänzt das informelle Angebot.

Damals

Walzbachtal

Die beiden Hauptorte der Gemeinde Walzbachtal *Jöhlingen* und *Wössingen* haben eine sehr alte gemeinsame Geschichte. Schon in vor- und frühgeschichtlicher Zeit war die Region intensiv besiedelt. Von der Jungsteinzeit bis zu den Römern hat der Boden viele Spuren hinterlassen. Geschichtliche Kontinuität zeichnet sich seit der fränkischen Landnahme ab. Jöhlingen scheint Königsgut gewesen zu sein mit einem Königshof, der dem reisenden König jener Zeit Etappenziel sein konnte. König Konrad II. aus dem Geschlecht der Salier im Wormsgau, schenkte 1024 *Johennigen* (Jöhlingen) und die *Wesincheimero marca* (Wössinger Markung) der

(144) Walzbachtal. Ortsteil Jöhlingen. Im alten Ortskern sieht man (im Bild-Vordergrund) den Speyerer Hof, anschließend die Alte Schule und im Hintergrund das Alte Rathaus. Die Katholische Kirche St. Martin befindet sich im Rücken des Betrachters.

(145) *Walzbachtal-Jöhlingen. Blick in den Innenbereich des Speyerer Hofes. Es handelt sich dabei um die einzige vollständig erhaltene Fränkische Hofanlage eines „Dreiseithofs". Das Gebäude entstand 1577 und befand sich um 1700 im Besitz des Speyerer Amtmanns.*

Domkirche zu Speyer, die als künftige Grablege der Könige und Kaiser geplant war. Die Schenkung sollte die wirtschaftliche Existenz des Speyerer Domkapitels sichern. Die Bedeutung, welche Jöhlingen dadurch Jahrhunderte lang hatte, wird in den dichtgedrängten repräsentativen Bauten im Zentrum rund um den Speyerer Hof anschaulich. 1803 ging im Zuge der Säkularisation die fast 800 Jahre dauernde Geschichte des Speyerer Domkapitels zu Ende. Jöhlingen und Wössingen gehörten jetzt zum markgräflichen und bald großherzoglichen Baden. Damit verlor Jöhlingen die zentrale Bedeutung, die dem Ort wohl schon zu Königshof-Zeiten zugewiesen worden war. - In die Gemeindefusion der 1970er Jahre ging auch *Binsheim* ein, ein mittelalterlicher Ort, 1502 bei Bauernunruhen des Bundschuhs zerstört und erst um 1960 mit Aussiedlerhöfen wieder neu besiedelt.

Zimmerei und Holzbau Joachim Eichhorn

Kantweg 1/2, Walzbachtal

Traditionelle Handwerkskunst

In der familiengeführten Zimmerei Eichhorn trifft traditionelle Handwerkskunst auf moderne Technik: Das optimale Zusammenspiel bei der Sanierung sowie bei der Errichtung von innovativen Um- und Ausbauten.

Joachim Eichhorn machte von 1983 bis 1986 seine Lehre zum Zimmermann und sammelte anschließend mehrere Jahre wertvolle Erfahrungen in seinem Beruf. Da er große Freude an seiner Tätigkeit hatte, entstand in ihm der Wunsch nach Selbstständigkeit und so gründete er 2005 ganz nach dem Motto „Handwerk ist Trumpf" engagiert die Zimmerei Eichhorn im Kantweg 1/2 im Walzbachtal. Die ersten Jahre erledigte Joachim Eichhorn alle anfallenden Aufträge alleine und holte sich nur bei Bedarf einen erfahrenen Kollegen zu Hilfe. Seit der Firmengründung steht ihm seine Frau Sabine tatkräftig zur Seite und erledigt kompetent die gesamte Verwaltung und Angebotserstellung. Mittlerweile beschäftigt das Unternehmen zwei erfahrene und gut ausgebildete Mitarbeiter.

Die Zimmerei Eichhorn führt professionell Dachsanierungen sowie Dachstuhlisolierungen durch, wodurch das Dach nicht nur optimal vor Wind und Wetter geschützt wird, sondern auch Energie und somit bares Geld eingespart werden kann. Ganz nach Wunsch wird das Dach mit Dachziegeln oder Betondachsteinen saniert und gedeckt. Damit aus kleinen witterungsbedingten Schäden keine teuren Folgeschäden entstehen, erfolgt regelmäßig eine fachmännische Kontrolle. Für Sturm- und Blitzschäden gibt es einen schnellen und kostengünstigen Reparaturservice.

Für mehr Lebensraum bietet die Zimmerei Eichhorn interessante und kostengünstige Möglichkeiten für die komplette Aufstockungen einer zusätzlichen Etage sowie Anbauten in Holzbauweise oder den Ausbau des Daches.

Mit individuell gestalteten Holzhäusern schafft das professionelle Mitarbeiterteam Oasen des Wohlbefindens mit einem einmaligen Wohn- und Lebensgefühl.

Als Handwerksbetrieb in der Region führt die Zimmerei Einhorn natürlich auch sämtliche Zimmererarbeiten wie z.B. die Herstellung von Gauben, Vordächern, Carports und Wintergärten durch, aber auch der Einbau von Fenstern und Türen sowie das Montieren von Decken und Wänden aus Rigips und Holz und das Verlegen von Böden zählen ebenfalls zu ihren Leistungen. Wo erforderlich, verfügt die Firma zur Ausführung aller Arbeiten über eigene Gerüstsysteme.

Ob bei Ausbau, Umbau, Anbau oder Aufstockung - die Zimmerei Eichhorn ist der Spezialist, wenn es um die Veränderung bestehender Bausubstanz und Energieeinsparung geht. Besonders wichtig ist Joachim Eichhorn die ausschließliche Verwendung von ökologischen und erstklassigen Materialien, um eine gesunde Wohnumgebung für den Kunden zu erhalten. Selbstverständlich wird jeder Kunde in einem ausführlichen Gespräch kompetent beraten und Sonderwünsche werden gerne erfüllt. Joachim Eichhorn und sein erfahrenes Mitarbeiterteam übernehmen die gesamte Planung und Realisierung jedes Bauvorhabens von A - Z zeitnah, sauber und zu fairen Preisen.

Zimmerei und Holzbau
Joachim Eichhorn

www.zimmerei-eichhorn.de

Elektro Mai

Klasse statt Masse!

Bahnhofstraße 66, Weingarten

Herr Fritscher und Herr Mai gründeten im Oktober 1966 in Karlsruhe die Firma Fritscher & Mai für Elektroinstallationen. Anfänglich erledigten sie alle anfallenden Arbeiten für private und gewerbliche Kunden alleine. Die Ehefrau von Herrn Mai kümmerte sich nebenberuflich um das Büro und alle organisatorischen Aufgaben.

Die Geschäfte liefen gut und so wurde bereits im Januar 1967 mit der Ausbildung des ersten Lehrlings zum Elektroinstallateur begonnen. Ende 1967 schied Herr Fritscher aus dem Unternehmen aus und das Ehepaar Mai führte nun den Betrieb alleine.

Durch die sehr gute Zusammenarbeit mit einem Architekten aus Weingarten stiegen die Aufträge stetig und die Belegschaft wurde kontinuierlich erweitert. Nachdem der Kundenkreis sich immer mehr erweiterte und die Firma expandierte, beschloss man, die Wurzeln in Karlsruhe abzubrechen und so fand im November 1972 der Umzug in eigene Betriebsräume in Weingarten statt.

Bei Elektro Mai ist der Kunde in guten Händen!

1978 wurde zusätzlich das Ladengeschäft für Elektroartikel in der Bahnhofstraße 66 in Weingarten eröffnet, um das sich Frau Mai neben all den kaufmännischen Aufgaben kümmerte. 1989 wurden die Betriebe in zwei eigenständige Firmen getrennt. Seitdem ist Frau Mai alleinige Inhaberin des Elektrofachgeschäfts, das sie mit viel Freude leitet. Außerdem war sie acht Jahre lang im Gewerbeverein als Schatzmeisterin sowie mehrere Jahre in anderen Vereinen ehrenamtlich tätig.

Elektro Mai ist zertifizierter Fachhändler von renommierten Markenherstellern wie Saeco, Jura, Sebo und Braun. Hier findet man eine tolle Auswahl an ausgesuchten, hochwertigen Elektrohausgeräten, die von elektrischen Zahnbürsten, über Bügeleisen, Kaffeemaschinen und -vollautomaten bis hin zu Waschmaschinen und Wäschetrocknern reicht. Selbstverständlich steht der Kunde bei Frau Mai im Mittelpunkt und wird gerne zu allen Fragen kompetent und ausführlich beraten. Ganz in Ruhe findet sie gemeinsam mit ihm das Produkt, das hinsichtlich Preis und Leistung perfekt auf seine Bedürfnisse zugeschnitten ist. Aber auch nach dem Kauf wird der Kunde nicht allein gelassen und erhält, wenn nötig, einen fachgerechten Reparaturservice.

Ein weiterer Pluspunkt ist die ideale Lage des Elektrofachgeschäftes: In der Ortsmitte von Weingarten stehen ausreichend Parkplätze direkt vor dem Laden zur Verfügung. Das lädt dazu ein, einfach vorbei zu gehen und sich in entspannter Atmosphäre unverbindlich gut beraten zu lassen!

Damals

Weingarten

Seit über 1000 Jahren kennt man *Wingarte ultra renu,* das heißt Weingarten jenseits des Rheins. Gräber aus der Merowingerzeit, die auf Weingartens Gemarkung gefunden worden sind, zeigen jedoch, dass der Ort schon einige Jahrhunderte vorher besiedelt gewesen war. Und auch diese Besiedlung war nicht die erste. Eine germanische Thingstätte befand sich auf dem 'Stalbühl' und an der römischen Hauptstraße, auf der sich das militärische und und später das wirtschaftliche Leben hin- und herbewegte, wurde schon bald die Zollstation 'Werrahäusle' an der südlichen Gemarkungsgrenze errichtet. Der Blick geht aber noch weiter zurück in die Geschichte. 1897 stieß man im Gewann 'Dörnig' auf keltische Grabhügel (es mögen ursprünglich mehr als 100 gewesen sein), deren Alter man auf die Zeit zwischen 1000 und 500 vor Chr. datiert hat. Man sieht, das Interesse an diesem Landstrich zwischen Kraichgau und Oberrheinischer Tiefebene war allezeit groß. In geschichtlicher Zeit wurde das Jahr 1214 entscheidend für Weingar-

(146) Weingarten. Sein Wahrzeichen: Der Wartturm, mit dem Friedensengel, Mahnmal gegen Krieg und Gewalt.

(147) Weingarten. Blick auf die beiden Kirchen die evangelische und die katholische, friedlich schon lange nebeneinander. Dazwischen das „Walk'sche Haus", Hotel direkt am Walzbach.

ten: Der Ort kam in den Besitz der *Pfalzgrafen bei Rhein* und blieb es fast 600 Jahre. 1903 wurde die rechtsrheinische Kurpfalz der Markgrafschaft Baden zugeordnet. In dem massigen Wartturm oberhalb des Ortes, waren Geleitmannschaften untergebracht, die der Heidelberger Kurfürst an den südlichen Grenzen seines Reiches stationierte. Hier konnten sie Kaufleute und Händler direkt aus dem Markgrafenland übernehmen und deren Reiseschutz fortsetzen. Der Bildhauer Edzard Hobbing hat 1956 an dem kriegsbeschädigten Turm einen Friedensengel geschaffen, als Mahnmal gegen Krieg und Gewalt. Eine solche Friedensbotschaft könnte auch von den beiden evangelischen und katholischen Kirchen ausgehen, die so unmittelbar nebeneinander stehen, wie man das sonst wohl nirgendwo wieder findet. Das historische Ortsbild mit seinen Fachwerkhäusern und einer repräsentativen Steinbrücke über den Walzbach lädt ein zum Verweilen.

Damals

Gemeinde Zaisenhausen

Zaisenhausen ist mit knapp 1800 Einwohnern die kleinste Gemeinde im Landkreis Karlsruhe. Idyllisch in der schönen Hügellandschaft und dem Weingebiet des Kraichgau gelegen, lädt sie zum Wandern und zum Besuch des alten fränkischen Reihendorfes ein, in welchem noch heute viele bemerkenswerte Fachwerkbauten zu bewundern sind.

Zaisenhausen ist eine Gemeinde mit einer tausendjährigen Geschichte. Erstmals urkundlich erwähnt wird der Ort im Jahre 991 in einem Urbar des Reichsklosters Weißenburg. Dort ist vermerkt, dass ein *Ritter von Ceisenhausen* durch das Kloster Weißenburg mit einem Gehöft belehnt worden ist. Das fränkische Reihendorf erlebte im Laufe seiner 1000-jährigen Geschichte mehrfache Besitzerwechsel und Verpfändungen. Lange Zeit gehörte es zum Territorium der Kurpfalz. Die Farben blau und Silber im Ortswappen weisen auf diese geschichtliche Herkunft hin.

Im Jahre 1713 entdeckte ein Schweizer Händler in Zaisenhausen eine Schwefelquelle. Es war eine Zeit, die sich für Heilquellen sehr interessierte, und nachdem der Landphysikus Doktor Brigelo die neu entdeckte Schwefelquelle als sehr gutes Heilwasser bezeichnet hatte, wurde die Öffentlichkeit auf den kleinen Ort im Kraichgau aufmerksam.

Auch der Poet und Dorfschulmeister Samuel Friedrich Sauter (1766-1846), der von 1816 bis 1841 in Zaisenhausen als Lehrer tätig war, sorgte für eine gewisse Berühmtheit des Dorfes. In den 25 Jahren seiner Tätigkeit sind ein Großteil seiner Gedichte, Erzählungen, patriotischen und geistlichen Reime, wie z. B. *Das arme Dorfschulmeisterlein,* der *Wachtelschlag* oder das *Loblied auf die Kartoffel* entstanden. Das Gedicht Wachtelschlag wurde von keinen Geringeren als Schubert und Beethoven vertont. Er fand freilich auch Kritiker, die ihn wegen seiner unpolitischen, im nur Idyllischen verhafteten Veröffentlichungen als „Gottlieb Biedermeier“ verspotteten. Sauter hat damit unfreiwillig einer ganzen Stilrichtung den Namen gegeben.

Damals

(148) Die evangelische Kirche prägt mit ihren Doppeltürmen eindrucksvoll das Ortsbild

Horst Vogelmann

Metallumformtechnik

Gewerbestraße 12, Zaisenhausen

Bei der Firma Vogelmann wird Wirtschaftlichkeit großgeschrieben
www.metallumformtechnik-vogelmann.de

Handwerkliche Tradition und modernste Fertigungstechnik machen die in Zaisenhausen ansässige Firma Horst Vogelmann Metallumformtechnik GmbH + Co. KG zu einem kompetenten Partner für anspruchsvolle Aufgaben rund um das Thema Metallumformtechnik. Das Unternehmen macht keine Kunst, ist aber stolz auf sein Können. Seit über 30 Jahren fertigen der Firmengründer Horst Vogelmann und seine qualifizierten Mitarbeiter Drückteile in den unterschiedlichsten Formen für die verschiedensten Branchen in überdurchschnittlicher Qualität.

Horst Vogelmann, gelernter Drücker und Gürtlermeister, befasste sich bereits in den 70er Jahren mit der Umformtechnik. Das Umformverfahren Drücken wird zur Herstellung rotationssymmetrischer Teile eingesetzt. Hierbei wird eine Blechronde mit Hilfe von Drückstählen oder -rollen zu einem Hohlkörper umgeformt. Die Grundlage des Verfahrens waren die ersten Töpferscheiben der Ägypter. Im Mittelalter fand es erstmalig Einsatz bei der Formgebung von weichen Metallen wie Zinn und Kupfer. Die menschliche Kraft reichte aus, um dünne und weiche Bleche zu verformen.

Damals legte Horst Vogelmann in einem Stall im Ortskern von Zaisenhausen den Grundstein für das erfolgreiche Unternehmen. Zu dieser Zeit war das Metalldrücken noch reine Handarbeit - körperliche Kraft, handwerkliches Können und Kreativität waren unabdingbare Voraussetzungen. Schon kurze Zeit nach der Betriebsgründung erkannte der Zaisenhausener Handwerksmeister, dass auch das Handwerk sich modernen Marketings bedienen muss, um Marktlücken aufzuspüren. Als Jungunternehmer arbeitete er marktorientiert und hat seinen Betrieb maschinell auf Serienfertigung eingestellt. Auf der Hannoverschen Messe war er oftmals mit einem Stand präsent und machte sich dort auch schlau, was der Markt in der Umformtechnik verlangte. Und der Erfolg blieb nicht aus. Für die Gemeinde Zaisenhausen gewann der Betrieb immer mehr an Bedeutung und die Zahl der Kunden und Mitarbeiter wuchs stetig. Im Oktober 1986 erbaute Horst Vogelmann am heutigen Standort eine große Produktionshalle mit 600 m^2 und investierte in Neuanschaffungen, u.a. in einen weiteren Umformautomaten.

Aus den Anfängen der Fertigung und einer kontinuierlichen Weiterentwicklung ist ein zeitgemäßer, rationeller Produktionsbetrieb entstanden, der den qualitativ hohen Anforderungen der modernen Metallumformung stets gerecht wird. Trotzdem können einige der Mitarbeiter auch heute noch mit den traditionellen Werkzeugen umgehen. Ein hohes Maß an Kundenorientierung sowie ein breites Leistungsspektrum haben das Unternehmen, zu dessen Kunden die Luft- und Raumfahrtindustrie, Unternehmen der Schwingungstechnik,

Pharma- und Chemiekonzerne sowie Konzerne der Lebensmittel- und Agrartechnik gehören, längst an die Spitze der Branche geführt.

Horst Vogelmann und sein kompetentes Mitarbeiterteam hatten schon früh Visionen und waren ständig auf der Suche nach neuen Einsatzgebieten für ihre Teile. Und das ist bis heute so geblieben. So ist es ihnen gelungen, in vielen unterschiedlichen Branchen Fuß zu fassen. Diese Unabhängigkeit ist eine stabile Basis für das Unternehmen. Entscheidend für die technische und wirtschaftliche Weiterentwicklung der Produktion ist aber auch der Dialog mit den Kunden, die enge Zusammenarbeit mit den Konstruktionsabteilungen sowie der Austausch mit Kollegen und Fachleuten aus den Bereichen Umformtechnik und Maschinenbau.

Nach dem Motto „Stillstand ist Rückschritt" wurden stets modernste Maschinen angeschafft und teilweise weiterentwickelt. Als man dickere Bleche umformen wollte, wurden Automaten benötigt, die aufgrund ihrer Konstruktion den Erfordernissen der neuen Produkte angepasst werden mussten. Heute umfasst das Fertigungsprogramm Teile bis zu einem Durchmesser von 1200 mm aus Blechstärken von 0,5-15 mm, was vor Jahren noch undenkbar war. Aus dieser Unternehmensphilosophie resultiert das Können und Know-how der Firma Vogelmann.

Fertigung rotationssymmetrischer Teile

Im ständigen Dialog mit den Auftraggebern werden die Teile entwickelt und konstruiert. Anschließend werden die Rohlinge aus Blechtafeln geschnitten, wobei speziell entwickelte Computerprogramme für eine optimale wirtschaftliche Ausnutzung des Materials sorgen. Wirtschaftlichkeit wird im Unternehmen großgeschrieben und während des gesamten Produktionsablaufes im Auge behalten. Durch die große Bevorratung von Blechen aller Art muss nicht jede Rohpreiserhöhung weitergegeben werden und auf die Kundenbedürfnisse kann schnell und flexibel eingegangen werden.

In der Fertigungshalle werden alle umformbaren Bleche bearbeitet. Vom normalen Stahlblech über mikrolegierte Feinkornstähle bis hin zu hochfesten, säure- und hitzebeständigen nichtrostenden Stählen. Für Anwendungsgebiete, die Drückteile mit fertiger Oberfläche benötigen, werden schmelztauch-veredelte und elektrolytisch verzinkte Feinbleche verwendet. Auch hier wird an die Wirtschaftlichkeit gedacht. Das Material ist vorübergehend vor Korrosion geschützt. Die modernen Drückautomaten haben freiprogrammierbare Steuerungen, wodurch konische Formen in einen Rollenüberlauf projeziert werden können.

Natürlich ist auch die Herstellung der Werkzeuge etwas, was die Firma Vogelmann nicht gerne aus der Hand gibt. Alles, was rund ist, wird nach Möglichkeit selbst gemacht, denn nur das perfekte Zusammenspiel von Form, Material und Maschine ergibt ein optimales Ergebnis. Der geringe Materialverbrauch, die Belastbarkeit und Stabilität der Teile durch die Materialverfestigung und die beim Drücken generell niedrigen Werkzeugkosten garantieren auch hier eine große Wirtschaftlichkeit.

Erfahrung und Kompetenz in der Metallumformung

Die Endbearbeitung der Produkte erfolgt mit gesteuerten Drehautomaten. In der Dreherei werden auch die firmeneigenen Drückwerkzeuge und -rollen gefertigt. Ergänzend zur Produktion werden auch Stanz- und Ziehteile für Kleinserien hergestellt. In einem Fertigteilelager werden Teile auf Abruf bereit gehalten, wodurch den Kunden Lagerkosten erspart werden und größere Chargen gefertigt werden können. Auch hier zählt wieder der Aspekt der Wirtschaftlichkeit.

Wenn ein Kunde Drückteile einsetzen will oder die qualitative Verbesserung seiner Produkte plant, oder aber aus Stabilitäts- oder Haltbarkeitsgründen ein Gussteil durch ein Drückteil ersetzen will und Rat bei der Auswahl des für seinen Einsatzbereich richtigen Werkstoffs benötigt, dann ist die Firma Vogelmann der richtige Gesprächspartner.

Wastec GmbH

Wasserstrahlschneidetechnik
Gewerbestraße 13, Zaisenhausen

Die Kraft der Natur intelligent nutzen
Erfahren Sie mehr unter: www.wastec.de

Die Firma WASTEC Wasserstrahlschneidetechnik GmbH verfügt heute als einer der ersten Anbieter dieser modernen Technologie über einen reichhaltigen Erfahrungsschatz in der Wasserstrahlschneidetechnik. Hierbei wird die Kraft der Natur intelligent genutzt, wodurch es möglich ist, mit höchster Präzision die komplexesten Formen aus den unterschiedlichsten Materialien - von Schaumstoff über GFK bis Titan - umweltfreundlich zu schneiden.

Udo Dauth beschäftigte sich schon vor vielen Jahren intensiv mit der Wasserstrahl-Schneidetechnologie und erkannte deren enorm großes Zukunftspotential. So gründete er im April 1991 die WASTEC Wasserstrahlschneidetechnik GmbH mit Sitz in Zaisenhausen.

1997 bezog WASTEC seine neuen, modernen Produktions- und Geschäftsräume am heutigen Standort im Gewerbegebiet Zaisenhausen. Im Sommer 2002 wurde die Kapazität im Bereich „Wasserstrahl“ durch den Bau einer zweiten Fertigungshalle mit nunmehr acht Schneideanlagen erweitert.

Das Unternehmen ist zertifiziert nach DIN EN ISO 9001:2008, Register-Nr.: Q1 0209015. Ständige Qualitätskontrollen garantieren den hohen Standard aller Erzeugnisse.

Den stetig wachsenden Marktansprüchen trat WASTEC effizient mit der Anschaffung von zwei neuen 5-Achs-Schneideanlagen zur Fertigung qualitativ hochwertiger 3D-Schneide-Teile entgegen.

Durch ihren Know-how Vorsprung in Verbindung mit der neuesten Technologie „3D-Schneiden“ und konsequentem Qualitätsmanagement konnte WASTEC ihre Marktposition in den Bereichen Automobilindustrie, Maschinenbau, Dichtungstechnik, Verpackungstechnik, Kunststoffindustrie, Naturstein-/Glas-/Keramikindustrie stetig ausbauen.

Innovative Technik und das motivierte, engagierte Mitarbeiterteam von WASTEC ermöglichen eine effiziente Realisierung aller gestellten Aufgaben und Wünsche. Die zahlreichen, zufriedenen Kunden genießen alle Vorzüge einer kundenorientieren Projektabwicklung: Kurze Wege, schnelle Entscheidungsfindung und Betreuung durch fachlich versierte Ansprechpartner. Durch die Vielfalt standardisierter Anwendungen können in allen Materialbereichen Kundenwünsche und Vorstellungen schnell, flexibel und kostengünstig umgesetzt werden.

Zertifiziertes Management-System
ZDH ZERT
DIN EN ISO 9001:2008

Reg.-Nr.: Q1 0209015

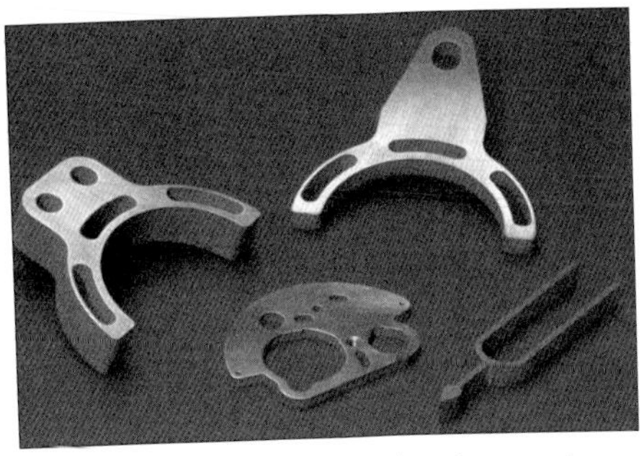

Maschinenteile bis 100 mm

Bei der Entwicklung neuer Materialien, z.B. Kohlefaser (Carbon) über GFK bis hin zu Mehrkomponenten-Schäumen stellt der „Wasserstrahl“ auch künftig ein unerlässliches Schneideverfahren dar. Die Vorteile dieser materialschonenden Technik sind: Geringer Materialverlust, keine Gefügeveränderung, keine thermischen Einwirkungen.

Die per Online-Datentransfer eingehenden DXF-/IGES-Dateien werden auf modernen CAD-Programmierplätzen in Schneideprogramme umgewandelt bzw. aufgearbeitet. Dadurch können kundenspezifische Anforderungen von der Anfrage bis zur Auftragsabwicklung kurzfristig realisiert werden.

Spezialanwendung gehören zum tagtäglichen Geschäft des erfahrenen und professionellen Mitarbeiterteams. Durch die variable Einsatzmöglichkeit des Wasserstrahls ist ein Schneiden fast aller Materialien schnell und kostengünstig durchführbar. So heißt es bei WASTEC: „Wir schneiden, was sich schneiden lässt ...!“ Dazu zählen natürlich auch Sondermaterialien wie zum Beispiel glas- und kohlfaserverstärkte Kunststoffe, Sandwich-Materialien, Scotch Brit, Spezialkeramik, Titan-Formzuschnitte und Magnete.

Auch beim Schneiden von Naturstein, Glas und Keramik ist der „Wasserstrahl“ ein ideales Schneidewerkzeug für beliebige Schnittkonturen. „Vom kleinformatigen Mosaik bis zur massiven Säule“ - bei der Gestaltung von Formen sind der künstlerischen Phantasie keine Grenzen gesetzt. Ob für Skulpturen, Ornamente, Logos, Treppenstufen, Wandverkleidungen oder Fassaden in verschiedensten Materialien. WASTEC setzt alle Wünsche und Ideen um. Außerdem ist das Unternehmen auch für das präzise Schneiden von Intarsien in fast allen Materialien der kompetente Ansprechpartner.

Mosaik

Nach dem Motto „Alles aus einer Hand“ bildet WASTEC ein starkes Team mit dem schon seit über 20 Jahren bestehenden Einzelunternehmen Udo Dauth Werkzeug- und Vorrichtungsbau am selben Standort. Eine unabhängige, schnelle und äußerst flexible Fertigung von erforderlichen Schneidevorrichtungen ist selbstverständlich Standard. Aber auch die Herstellung von Stanz-, Präge- und Kunststoffwerkzeugen zählt zum breitgefächerten Spektrum der Fertigungsmöglichkeiten ihres Werkzeugbaus. Das Programm der mechanischen Fertigung im Bereich Zerspanung umfasst vom Rohteil bis zum Fertigungsteil zum Beispiel Gehäuseteile für den Maschinenbau, Großteile im Werkzeug-/Formenbau sowie Einzel- und Serienteile. WASTEC setzt ihre langjährige Erfahrung ein zur Fertigung kundenspezifischer Vorrichtungen mit hohem Produktnutzen: Automatische Bohrvorrichtungen (SPS-Steuerung), Montage- und Einlegevorrichtungen, Prüf- und Messvorrichtungen sowie Werkstückträger. Auch für schnelle, kostenoptimierte Reparaturen ist das Unternehmen ein kompetenter und zuverlässiger Geschäftspartner.

Der Firmengründer Udo Dauth setzt seit der ersten Stunde auf Qualität und Fortschritt. Durch den Einsatz innovativer Technik und einem qualifizierten, engagierten Mitarbeiterteam bietet WASTEC seinen Kunden neben Fachkompetenz und Erfahrung einen hohen Qualitätsstandard aller Produkte, Flexibilität, eine termingerechte und unkomplizierte Auftragsabwicklung, aber auch eine individuelle Kundenbetreuung.

Rundwappen

WASTEC
WASSERSTRAHLSCHNEIDETECHNIK

Bildnachweis:

Wittmann, H. Dornhan-Fürnsal	**1-148**